SAÚL DIAS

De ainda a vislumbre

Organização
Floriano Martins

Prólogo
Ruy Ventura

Ilustrações
Julio/Saúl Dias

São Paulo, 2007

Copyright do texto © 2007 Júlio Maria dos Reis Pereira
Copyright das ilustrações © 2007 Julio/Saúl Dias
Copyright da edição © 2007 Escrituras Editora

Todos os direitos desta edição foram cedidos à
Escrituras Editora e Distribuidora de Livros Ltda.
Rua Maestro Callia, 123 – Vila Mariana – 04012 – 100 São Paulo, SP
Tel.: (11) 5904-4499 – Fax.: (11) 5904-4495

Criadores das coleção *Ponte Velha*
António Osório (Portugal) e Carlos Nejar (Brasil)

Organização
Floriano Martins

Editor
Raimundo Gadelha

Coordenação editorial
Camile Mendrot e Herbert Junior

Prólogo
Nicolau Saião

Revisão do texto
Juliana Ferreira da Costa e Karina Danza

Ilustrações de capa e miolo
Sérgio Lucena

Capa e projeto gráfico
Vaner Alaimo

Editoração eletrônica
Vaner Alaimo e Fábio Garcia

Impressão
Gráfica Edições Loyola

Agradecimentos a Ruy Ventura, Nicolau Saião, Sérgio Lucena e Jacob Klintowitz.

Dados Internacionais de Catalogação na Publicação (CIP)
(Câmara Brasileira do Livro, SP, Brasil)

Dias, Saúl

De ainda a vislumbre / Saúl Dias ; organização Floriano Martins ; prólogo Ruy Ventura ; ilustrações Julio/Saúl Dias. – São Paulo : Escrituras Editora, 2007. – (Coleção ponte velha)

ISBN 978-85-7531-272-8

1. Poesia portuguesa 2. Poesia portuguesa – História e crítica I. Martins, Floriano. II. Ventura, Ruy. III. Dias, Julio. IV. Título. V. Série.

07-7862   CDD-869.1

Índice para catálogo sistemático:
1. Poesia : Literatura portuguesa 869.1

Impresso no Brasil
Printed in Brazil

Sumário

LEVEZA, RIGOR E LUMINOSIDADE Sobre a arte de Saúl Dias e de Julio, Ruy Ventura 09

AINDA [1938] 23
O tempo 25
Essa figura 26
Rapariga frágil 27
À tarde 29
Tarde quieta de domingo 30
Na tarde morna 32
Serena 33
Aquela hora 34
A nuvem que rola 36
Apuro o ouvido 37
A tarde linda 38
Quem esqueceu no quarto do bordel 39
Havia 41
No sonho de hoje 42
As aves 44
A chama ainda perdura 45
A tarde azul que todos temos 46
Como aragem benfazeja 48
Eu não quero esquecer os dias que viveram 49

SANGUE [1952] 51
Sangue 53
Legenda 54
Música 56
Província 58
O velho jardinzinho 59
Nua 61

Viagem	63
Desenho de rapariga	64
Tantas flores	65
Poeta	66
Vento	70
Velho poema	71
Poeira	73
História de uma rosa	76
Noémia	77
Nunca envelhecerás	78
Duas poesias	79
As horas perdidas	81
Três sonetos	83
Outras rosas	85
Isso tudo	86
Enquanto o filho dorme	87
Ali	88

GÉRMEN [1960] 89

Gérmen	91
O poeta no café de província	93
Abril	96
Reverdecer	97
O jardim	98
Quieta	99
Nesse tempo	101
Nua	102
Entrudo	103
A ferida	104
O poema	105
Esquiva	106
Junto de uma fonte	108
A flor e a ave	109
Menino	110
Início	111
Fim	113
Uma rosa	114
Quintal desfeito	116
O novelo	117
Jardim nocturno	118
Primavera	119

A antiga gaveta 120
Rosas perdidas 121
A estrada 122
O pequenino poema 123

ESSÊNCIA [1973] 125
Essência 127
Dádiva 129
A sanfona 130
Um poema 131
Retrato 132
Rosa morta 134
Aurora 136
Flor 137
Realejo 138
Duas palavras para ti 139
Hora cinzenta 141
O malmequer 142
Lembrança 143
Riso 144
O silêncio 145
Cristos pobres 146
Chacota 148
Apontamento 149
Todos os dias 150
Esperança 151
Escrever um livro, criar um filho, plantar uma árvore 153
Doido varrido 154
Mais devagar! 156
Afecto 157
Flores 158
Jardim 160
Nunca mais 161
O muro 162
Transfiguração 163
Envelhecer 164
A alegria do poeta doente 165
Para todo o sempre 166
Gesto 167
Lampejo 168
Deusa 169

Luminosidade 170
Sorriso 171
Encontro 172
Abrigo 173
Por toda a parte 174
Caminho 175
Companheira 176
Ecce poeta 177
Sonho 178
Rosa 179

VISLUMBRE [1979] 181
A tafula ribeira 183
O instante 185
Tardes inventadas 186
Azul 187
Ofélia 188
Ameaça 190
Canção antiga 191
Inveja 193
Interrogação 194
Nova manhã 195
Último jardim 196
Versos esquecidos 198
O mesmo 199
Fragrância 201
O fogão 202
A última fala do palhaço 203
Cores outras 204
Perfume 205
Olha o vento 206
Pedido 208
Caminhada 209

A cada porta 210
Velhos versos 211
Testamento do poeta 212
A minha história 213
Harmónio 214
A palavra 215

UMA FORTUNA CRÍTICA
Discurso lírico e crítico ou da unidade no artista
Adolfo Casais Monteiro 217
Muito se tem falado em poesia
José Régio 220
Saúl Dias poeta da delicadeza e da ternura
António Ramos Rosa 222
Saúl Dias: o silêncio e o absoluto
David Mourão-Ferreira 226
Pintura e poesia na mesma pessoa
Luís Adriano Carlos 230
Viver de leve, escrever de leve, morrer de leve
Albano Martins 250

LEVEZA, RIGOR E LUMINOSIDADE
Sobre a arte de Saúl Dias e de Julio

Ruy Ventura

1.

Júlio Maria dos Reis Pereira (1902-1983) constitui um caso interessante no campo dos estudos da onomástica artística. Em um movimento pendular entre autor empírico e autor textual (considerando nós a sua pintura e os seus desenhos como textos, produtos – como os poemas – de uma tecelagem muito matizada, mas, a nosso ver, coerente), foi sendo estruturada uma identidade repartida que, colocando fora da esfera textual o primeiro, desdobra a substância do segundo.

O cidadão, com identidade civil, irmão carnal (e espiritual?) de José Maria dos Reis Pereira (o poeta, ficcionista, dramaturgo e desenhista José Régio), apaga-se para deixar nascer duas outras personalidades: "Julio" (sem acento) e "Saúl Dias" (com acento). Se em José Régio, João Falco, Miguel Torga, Cristovam Pavia, Nicolau Saião ou noutros autores estamos perante casos de pseudonímia artística ou literária, com substituições totais ou parciais da designação atribuída pelo registo civil ou baptismal, no caso vertente a estratégia onomástica vai além disso. Não atinge, é certo, o extremo heteronímico talhado por Fernando Pessoa no seu "teatro em gente", com Alberto Caeiro, Álvaro de Campos, Ricardo Reis, António Mora, Alexander Search, Barão de Teive e outros. Não elabora uma ficção totalizante, como Boris Pasternak, ao atribuir a Jivago poemas que lhe pertencem enquanto autor empírico que dá propriedade literária ao romance, dada a inexistência de um pacto ficcional entre autor e leitores. A sua atitude perante a identidade poética (artística e literária) é mais próxima da que, nos anos 1970, o pintor António Quadros assumiria, ao dar à sua obra plástica selos onomásticos aparentemente próximos do artista empírico (António Quadros e António Lucena), guardando para a sua importante produção poética personagens como João Pedro Grabato Dias, Frey Ioannes Grabatus ou Mutimati Barnabé João.

"Julio" e "Saúl Dias" semi-heterónimos de Júlio Maria dos Reis Pereira? Como Bernardo Soares, de Fernando Pessoa? Temos suspeitas, mas as dúvidas não nos permitem uma afirmação peremptória. Ao contrário do poeta nascido em Lisboa, no Largo de São Carlos, que deixou declarações explícitas (partes, também elas, de uma ficção autoral) indicando pontes de aproximação e de afastamento entre as personagens dessa dramaturgia totalizante e o autor empírico que as ficcionou – no autor da série *Poeta* (conjunto de desenhos e de pinturas que tem como tema a personagem que lhe dá título) não conhecemos qualquer texto claro sobre o assunto. Há indícios ténues semeados por toda a sua obra que não devemos pôr de lado, mas todas as conclusões serão sempre provisórias, incluídas no campo da indeterminação, como é apanágio da poesia.

De tudo quanto lemos e observámos de Saúl Dias Julio ficounos, no entanto, a convicção da existência de algo de borgesiano neste(s) autor(es). Ao separar-se do engenheiro nascido em Vila do Conde, a personalidade poética de Reis Pereira parece dizer, com Jorge Luís Borges: "talvez eu seja também uma personagem imaginária".

Há, em nosso entender, uma sobreposição de trindades poéticas e/ou identitárias. Se tivermos em conta quanto temos vindo a expor, temos em primeiro lugar uma triangulação da identidade em que o vértice A potencia dois vértices distintos, B e C, que por sua vez dialogam entre si, em movimento biunívoco

Autor empírico
A

B						C
Autor literário			Autor pictórico

(o que também sucede, empiricamente, entre A e B e entre A e C, havendo por detrás dos quadros e dos poemas uma mão que escreve, que pinta e desenha).

Podemos, de seguida, figurar um triângulo onomástico – pseudonímico ou semi-heteronímico – em que a base de sustentação é constituída pelos dois vocábulos do nome literário e o vértice superior pelo designativo atribuído ao autor plástico:

Julio

Saúl					Dias

Esta figuração é permitida por um pequeno, mas importante, pormenor de índole ortográfica. Decerto conhecedor de que nada existe enquanto memória se não existir primeiro enquanto expressão (verbal ou não-verbal), Júlio Maria dos Reis Pereira introduziu nas duas identidades-entidades em que se apagou para se dividir uma quase imperceptível modificação: suprimiu o acento da esdrúxula "Júlio" e acrescentou-o à aguda "Saul". Há um passo de um texto seu de 1980 (*Nos dois pratos da balança*) que nos parece significativo:

> [...] embora as artes plásticas me tenham ocupado muito mais tempo do que a poesia, a verdade é que foram os versos que mais alegria me deram (refiro-me à alegria interior que se sente quando uma obra realizada ou em realização nos sai bem). Não sei explicar isto, mas assim tem acontecido.

Subvertendo as regras da Língua Portuguesa e da sua gramática, o autor empírico retirou ao acento gráfico a sua funcionalidade prática, transformando-o em um sinal deíctico, um dedo que aponta para "Saúl Dias", desviando a atenção de "Julio", aquele nome que mais aproximaria o(s) seu(s) ser(es) poético(s) do cidadão Reis Pereira e levaria os leitores dos seus poemas e os observadores dos seus quadros a formarem com ele um pacto autobiográfico, que aparentemente desejou afastar.

Embora tenha passado mais tempo a pintar do que a escrever, tal como declara no excerto acima transcrito, a personagem em que mais se revê (isto é, a parte da sua obra em que mais se realizou enquanto eu-próprio-outro) é a do criador literário e não a do criador plástico. Ao contrário do que se tem proposto ao longo de décadas e por muitas vozes, Reis Pereira não é assim um pintor que escreve, mas um poeta que também pinta. A poesia assume-se enquanto edifício largo, totalizador, de que a pintura é apenas uma das fachadas (ou, talvez, um dos pilares). Há um domínio maior, assinado pelo "fazedor" Saúl Dias, o da poesia, do qual fazem parte tanto a obra versificada quanto a pintada e desenhada – processos diversos, linguagens diferenciadas que contribuem para o mesmo todo, embora os poemas se situem no patamar criativo mais importante.

Perante estes dados, não erraremos muito se considerarmos que toda a obra criada por Júlio Maria dos Reis Pereira foi por ele enquadrada numa ficção autoral. O autor empírico apagou-se logo de início, afastou-se para que a sua personagem, Saúl Dias, vivesse. Pseudónimo ou semi-heterónimo, em um processo de inversão identitária, enquanto na realidade material "Julio" é o homem e "Saúl" a sua invenção virtual, na escrita, o jogo transfigurador inverte os termos: é "Saúl" o ser vivente que assina os poemas e, em simultâneo, pinta sob o nome de "Julio".

2.

Se a ficção autoral apenas se vislumbra nos indícios deixados na fixação onomástica, a figuração do poeta enquanto personagem dentro do poema e da pintura está bem presente em toda a produção de Saúl Dias Julio. Mais evidente na justamente célebre *Série Poeta* encontra-se também presente ao longo da sua poesia. Excluindo os dispersos e inéditos recolhidos postumamente nas suas poesias completas, não podemos menosprezar o facto de que, em todos os seus livros, encontram-se textos em que, de forma mais desenvolvida ou mais elíptica, se reflecte sobre o fazer poético ou sobre a figura idealizada do poeta.

O primeiro poema do seu livro inicial, *...mais e mais...*, de 1932, é uma declaração de princípios, um prefácio a toda a sua obra, um programa de vida para essa personagem dupla, Saúl Dias Julio, que produzirá, durante mais de cinco décadas, uma obra ímpar na literatura de expressão portuguesa e nas artes plásticas lusas.

Uma obra chã, próxima do húmus terreno e humano, nasce da contemplação e do confronto com essa trindade identitária e vital, triangulada em verbos que procuram resumir toda a vivência psicológica de um ser arquetípico, que se torna personagem de uma *história* (como refere Júlio Reis Pereira no artigo citado no capítulo anterior):

> Aquele triângulo, ali, / pintado a rubro no chão, / desperta em mim a obsessão / de que tudo o que eu senti, / amei, chorei ou sorri / era pintado no chão.

Não sem antes se situar esteticamente perante a literatura e a arte do passado, defendendo implicitamente, na senda dos manifestos do Segundo Modernismo Português, assinados por José Régio na revista *Presença*, uma "literatura viva", mais autêntica (ainda que, para ele, a defesa da "sinceridade" levada a cabo pelos presencistas como valor artístico e literário se configure antes, ao longo dos seus poemas, como uma procura da veracidade e de outros fundamentos que adiante descortinaremos). Há um claro corte com o passado:

> Eram outras as guitarras / e as melodias intensas... / Partiram-se as cordas tensas / que eram enormes amarras, / a separar-me das charras, / medíocres existências!...

Um corte que se faz, sobretudo, pela escavação interior, na consciência de que a exploração de um "corpo" exterior poderá revelar a sujidade de uma alma, até aí escondida. O psicologismo (decorrente, talvez, de leituras de Dostoievski e das intuições especulativas de Freud) é evidente, assumido enquanto caminho para o encontro com a verdade ontológica:

> A inconsciente devassa / cujo corpo é uma tulipa, / esguio como uma ripa, / airoso como o da garça!... / A perturbante comparsa / transmudou-se em suja pipa.

A proposta do poema inicial de Saúl Dias é, no entanto, consequente. Não se dirige aos outros, mas a si próprio. O lirismo da incessante escavação/desvendação interior é assumido pelo sujeito poético:

> Que os meus versos sejam líricos / e me desvendem!... Ascendam / e – maravilha! – se acendam / quando a noite toda em círculos, / como o falar dos ventríloquos, / de ignoto brota... se estendam!... // Que eles sejam o reflexo / de tudo o que me embriaga: / esta ânsia que me alaga, / e as exigências do sexo, / e os pensamentos sem nexo, / e aquela hora toda chaga... // e esses minutos todos / ferindo-me quais punhais, / e risos, lágrimas, ais, / e rios de oiro e de lodo, / e esse vago, estranho modo... / isto tudo... e mais e mais...

O resultado expressivo, vertido em textos versificados, é no entanto o da incompletude. Fragmentos poéticos resultantes de um ser fragmentado, imperfeito, são assumidos pelo autor textual enquanto excrescências também imperfeitas. A ironia remata o poema, como forma de desconstrução da solenidade que, por vezes, rodeia o ideal romântico do poeta, enquanto figura superior, aureolada. O triângulo poético pinta-se no chão, lembremos. Não é apenas uma humildade ritualizada, feita de falsas modéstias. Trata-se de um sarcasmo auto-crítico, que deseja destruir a vaidade de ser poeta:

> Os meus poemas bizarros / quase nunca os acabo. / São um luxo de nababo / p'r'os meus nervos afiados. / Inacabados, quebrados, / lembram-me galos sem rabo.

Saúl Dias irá aprofundar (por vezes modificando pequenos pormenores) estes propósitos ao longo da sua obra curta, quase bissexta. A escolha da onomástica literária não é alheia a este poema-prefácio. Saul foi o primeiro rei de Israel escolhido por Javé, destronado por David, devido à sua ignomínia. A unção (real ou poética), parece dizer-nos, pode ser revogada a qualquer momento se a soberba pretender elevar a criatura acima do criador. Dias parece ser, simplesmente, os dias vividos, o quotidiano passado conservado na memória, que o sujeito poético – seguindo as teorias de Bergson – pretende restituir ao presente, iluminando-o, dando-lhe assim capacidade para se projectar no futuro. Assim no-lo indica um soneto publicado no livro *Ainda*, como cólofon:

> Eu não quero esquecer os dias que viveram. / Por eles escrevi estes versos mofinos; / escrevi-os à tarde ouvindo rir meninos, / meninos loiro-sóis que bem cedo morreram. // Eu não quero esquecer os dias que enumeram / desejos e prazeres, rezas e desatinos; / e, em loucuras ou entoando hinos, / lá na Curva da Estrada, azuis, desapareceram. // Eu não quero esquecer dos dias mais felizes / a bênção branca-e-astral, lá das Alturas vinda, / nem tampouco o travor das horas infelizes. // Eu não quero esquecer... Quero viver ainda / o tempo que secou, mas que deixou raízes, / e em verde volverá, e florirá ainda...

Rei destronado à procura dos dias perdidos? Assim parece ser. Ente desdobrado, "os dias consome / a cantar ao desafio, / ao desafio consigo" (*Essência*). Saúl Dias não parece considerar-se sequer poeta. Se fala com voz própria quando trata de reflectir sobre a estrutura muscular e óssea do poema, esta personagem criada por Júlio Maria dos Reis Pereira (talvez imagem espelhada de si próprio) pronuncia-se sobre o poeta (e dirige-se ao poeta) sempre como de alguém exterior a si, como de uma terceira pessoa. Descrevê-lo como um ser ideal, fora do mundo, asceta e mendigo, vagabundo, louco, visionário, humilde, recolector de imagens visíveis ou invisíveis, transmissor de emoções, de sentimentos e de experiências, solitário, temerário, eternizador dos instantes "Uma palavra quente! / Uma palavra para todo o sempre!", ao lutar contra "o Tempo / irreversível e eterno", com "a pretensão / de que [um] intenso clarão / [é] um sinal lá dos céus, / e de, no meio do assombro, / [pressentir] a mão de Deus / tocar-lhe, amiga, no ombro" (*Essência*). Um ser distante de si – como se revivesse o cenário bíblico de um Saul impotente e transviado, substituído por David, o verdadeiro rei e poeta.

Nisto tudo, há a procura da leveza, expressão do pensamento essencial que só se concretiza no extremo rigor da exactidão de uma palavra:

> Na tarde longa / imaginei um longo poema. / Depois, / fui-o encurtando / e reduzi-o a pequenos versos. // Quisera que os meus versos / fossem duas palavras apenas, / aéreos como penas, / leves / como tons dispersos...
>
> *Sangue*, 1952

Ao longo de toda a sua busca, Saúl Dias vai encontrando "receitas", expressas em diversas artes poéticas que tenta concretizar. À maneira de Rainer Maria Rilke, pensa que "Versos / escrevem-se / depois de ter sofrido. / O coração / dita-os apressadamente. / E a mão tremente / quer fixar no papel os sons dispersos. // É só com sangue que se escrevem versos" (*Sangue*).

O poema, "estranha rosa / rubra e preta", abre-se "na alma do poeta", porque é a fixação de 'uma pena', de quem sente "estoirar / o calabre / do coração, / nostálgico do Éden... e deve deixar o coração sangrar" (*Gérmen*).

Sujeito à transitoriedade da existência, o texto poético, nascendo da meditação (ascética?) nos domínios da imaginação, é "Um esquema dorido. / Um teorema / que se contradiz. / Uma súplica. / Uma esmola que transmite as dores do Homem, vividas umas, sonhadas outras... / (Inútil destrinçar.)" (*Essência*). A Saúl Dias interessa, sobretudo, a capacidade fertilizadora do texto, matéria orgânica que alavanca o crescimento do mundo e a ressurreição da vida. Como as rosas, que não devem conservar-se em uma jarra, porque murchariam:

> Joga-as fora! / A valeta / que dessora / húmida, quente, / fá-las-á reviver / em húmus, sangue, lume... // E, rosas outra vez, / serão cor e perfume, / abraçando o jardim / de lés a lés...
>
> Poema inicial de *Gérmen*

Na hora da morte (isto é, no final da narrativa que se inicia com o primeiro poema de Saúl Dias e termina com o último publicado em um livro em vida), o autor textual – que vê na Poesia um vislumbre de alegria, mesmo na doença e na dor "Mesmo na dor / a sua alma é contente / se uma rima fugace / poalha de harmonia / um verso recortado..." (*Essência*) – sabe que o poeta, cessante enquanto ser biológico, não cessa enquanto ser virtual e verbal que é. Como José Duro nos versos finais de *Fel* (1898), sabe que "enquanto escreve / vive ressuscitando fugidias horas / mudadas em auroras..." (*Essência*), porque a permanência de um escritor, ser feito de palavras, se deve à actividade revivificadora dos leitores, multiplicadores de sentidos.

O testamento de Saúl é, no entanto, mais uma manifestação do sentimento de incompletude de um caminho. O poeta, até aí um ser ideal a alcançar na sua eminência, passa a coincidir com o sujeito da escrita. Poeta-desejo, sente que nunca alcançou a meta desejada "Dias e dias / a tentar um verso, uma rima... / um pobre verso, uma pobre rima..." (*Vislumbre*), conseguindo manter a alegria da ingenuidade infantil "no coração do Poeta / há música, foguetes / e bandeiras ao vento... / como outrora, na infância, nalgum dia de festa..." (*Vislumbre*). No fundo, sabe que a poesia é um interminável exercício de depuração interior, manifestação da "sabedoria da linguagem, [...] uma aventura de linguagem" (Ruy Belo, 1970). Um poeta ideal ou idealizado chegaria ao fim. Na sua humildade, Saúl Dias tem a convicção de que ficou a meio do caminho. Numa estrutura circular, o poema final da sua obra retoma, meditativo, um sentimento semelhante ao expresso, de forma irónica, no início:

> Só conheço, talvez, uma palavra. // Só quero dizer uma palavra. // A vida inteira para dizer uma palavra! // Felizes os que chegam a dizer uma palavra!
>
> *Vislumbre*

3.

Júlio Reis Pereira afirmava que a Série Poeta contava a mesma narrativa presente nos poemas de Saúl Dias. Podemos afirmar que os desenhos e as pinturas do conjunto pictórico mais conhecido de Julio legendam (lêem e interpretam) os poemas. E não apenas esse ciclo coerente, mas muitas outras obras plásticas que, ao contrário do que poderá parecer, não ilustram um texto, mas iluminam-no, desverbalizando-o, de modo a torná-lo, talvez, mais universal.

Praça onde confluíram várias avenidas da arte européia do século XX, foi José Régio quem – em nosso entender – melhor compreendeu essa centralidade do pintor. Não existem influências, se as entendermos enquanto processo epigonal. Como refere o autor de *Davam grandes passeios aos domingos*..., num texto de 1967, na pintura de Julio:

[...] cabem manifestações tão diversas como a de um Expressionismo violento, alimentado por uma tendência caricatural, dramática, satírica; a de uma espécie de Dadaísmo muito pessoal (ou Ultra-realismo) gerado no pendor tão instintivo como consciente para certos achados da arte infantil ou popular; a de um Realismo mágico – feliz expressão que gozou em tempos de certo prestígio – transfigurador da realidade por meio das semi-alucinações do sonho; a de um decorativismo fundado na cor e na construção; ou a de um moderno Classicismo banhado no lirismo congénito [...].

Em um artigo de 1935, o mesmo autor já diagnosticara:

Do Futurismo, do Cubismo, do Dadaísmo, do Expressionismo, do Super-realismo [...] resulta, embora não sistematicamente, o que nesses quadros e desenhos é mais característico de uma certa época de pintura. Neles perpassam ecos das vozes dos seus principais criadores ou intérpretes, e efeitos da vasta literatura especulativa ou crítica sobre tais escolas e mestres. [...] / [...] Nada, porém, [...] se refere propriamente ao íntimo da obra de Julio. [...] A aceitação de quantas inovações e liberdades trouxe à pintura moderna não aparece na obra de Julio senão como meio da mais completa expressão. Por isso se não poderá dizer dele que seja um futurista, um cubista, um super-realista, ou qualquer ista puro – ainda que dos vários ismos se aproveite a sua arte. E dizendo que ela se aproveita deles, disse tudo.

Ao olharmos para a globalidade da obra pintada e desenhada pelo pseudónimo de Saúl Dias, mesmo para aqueles quadros nos quais mais se nota uma expressão sarcástica, a primeira e principal impressão com que ficamos é a da permanência em todo o lado de uma extrema leveza. Italo Calvino, em um ensaio dos anos 1980 (*Seis propostas para o próximo milénio*,

1990), considerava a leveza um dos valores fundamentais a serem transmitidos como herança ao futuro (que já começámos a viver). Em conjunto com a exactidão e com o rigor (propostas também para este novo tempo), a leveza e a luminosidade da arte verbal e não-verbal criada por Júlio Maria dos Reis Pereira faz dele não só um autor universal, como o "proprietário" de uma obra que o futuro ganhará em observar, ler e legendar.

O irmão de José Régio contou certo dia um sonho que tivera, no qual se via avaliado no dia do Juízo Final. Perante o peso dos seus pecados, colocou na balança das virtudes quanto criara de belo na *Série Poeta*. A balança começou a pender para o lado da salvação. Em 1980, "dez anos passados sobre essa antevisão", assaltava-o uma dúvida: "terão ainda esses desenhos peso suficiente para forçar a descer o prato"? A pergunta ficou sem resposta. Não sabendo nós responder – por não conhecermos totalmente a cotação junto de tal juiz das boas obras artísticas (apesar de vermos hoje beatificado pela Igreja um pintor como Fra Angelico) –, resta-nos uma convicção interior. Podemos até estar enganados; acreditando nós que a Justiça não será cega no futuro, parece-nos contudo que nesses tempos se julgará toda a obra de Saúl Dias Julio (não só a *Série Poeta*, mas a sua pintura inteira e toda a sua poesia) como virtudes e valores a preservar e a transmitir.

Aljezur e Cotovia
Páscoa, 2007

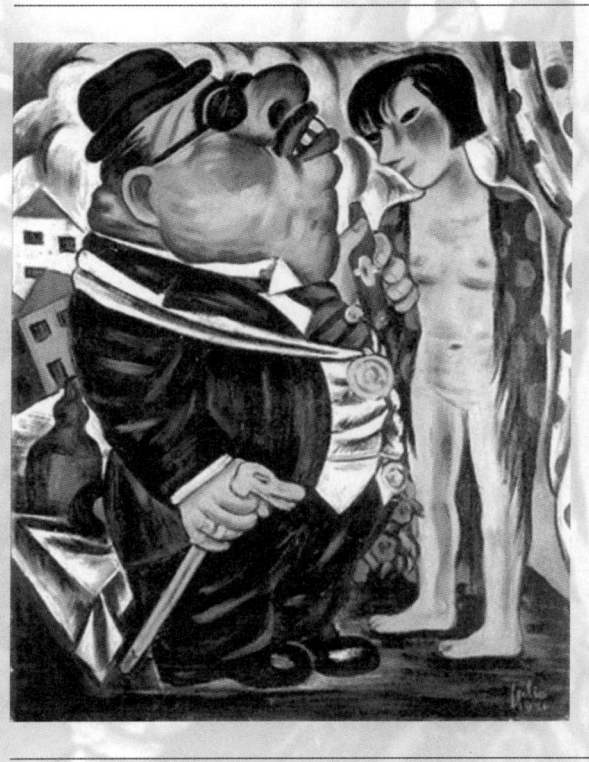

Ainda [1938]

O tempo
— esse doido que nos foge —
há-de, um dia,
dourar,
em arabescos azuis de alegoria,
as nossas horas de hoje!

E tu sairás delas
mais auroral e calma,
florida como um horto,
suave como o porto
longínquo das procelas!

E a tarde
entrançará os teus cabelos
e neles prenderá em verdes elos
as rosas desmaiadas.
E serás num domingo toda calma,
como se foras nada mais que a alma
das horas relembradas!...

Essa figura
que sempre volta sem eu querer,
porque abandona a sepultura
do esquecer
e em rosicler
volve e perdura,
iluminando a noite escura
do esquecer?...

Uma vulgar figura de mulher!...

Rapariga frágil
e delicada,
copo de água na minha lembrança!
Beleza que não foi achada!
Jeito ágil de dança!

Estátua mais perfeita
do que essas que os museus
ignóbeis ostentam,
desprezando Deus
e as obras que os seus dedos aguabentam!

Cegos às maravilhas,
os homens
emporcalham as formas que são filhas
das águas e das aves,
e desdenham imundos e nojentos
os teus gestos suaves.

Deus é meu amigo
e, querendo abrandar a minha febre, mandou-
                                [me ter contigo
— depurado pascigo mordendo o azebre
do mundo estúpido e inimigo.

À tarde
acenderam círios na procissão
— a Procissão das Dores e dos Martírios —.

Os anjinhos na mão seguram lírios
da cor
dorida dos poentes
e perfume
intenso como o lume dos delírios.

E, inocentes,
transportam
os negros suplícios
que a carne frágil cortam
— tal qual os nossos vícios —

E trazem misturados
os cravos e os dados,
pombas, maçãs, um cordeirinho plácido,
as sete espadas,
o cálix verde repleto de ácido...

E a procissão
prossegue
no domingo plácido!...

Tarde quieta de domingo,
quieta, quieta...
Joga ao ar a bola preta
o menino.

Só a música
inquieta um pouco...
(o perpassar talvez do espírito louco
do músico-poeta...)

E, na varanda,
as rosas brancas
pendem sobre a estrada.

— Quem acendeu as luzes
em pleno dia?

Tanto de quase nada!...

Na tarde morna
uma ave esvoaça
e vai cair,
ferida,
em plena praça...

O relógio entorna
as horas do entardecer.

Que bom morrer
por esta hora!...

Já dobra o sino...

Que bom!... Que bom!...

— P'ra que decoras
a lição,
menino?

Serena,
pacífica província,
toda alma e toda calma!

Sempre aos domingos
beijada pelo sol!

Jogam, em plena praça, o futebol
os garotos da rua
(jogo sem convenções...)

Província das procissões
(oiros velhos, doridos...)
e das brancas primeiras comunhões!

Província sem sentidos!

Aquela hora
que me fugia
em névoa fria
pelo ar fora...

Aquela aurora
que se perdia
e destingia...
Ave canora

que já morria...
A sinfonia
que se decora...

Aquela hora
que me fugia
prendi-a agora.

A nuvem que rola
é azul
como a corola taful
que, na escola,

o menino loiro e azul
desenrola,
de bibe e gola
debruada a azul;

e é branca estola
sobre uma bola
azul

que, ao sair da escola,
o menino rola
na tarde azul.

Apuro o ouvido
e, ansioso, escuto,
tão impoluto
e comovido,

o som longínquo
da adolescência.
Em impaciência
ideio-o e brinco-o

entre o rosal,
rosas abrindo
no bom quintal.

Menino findo!
Já sensual,
já pressentindo...

A tarde linda
não morreu.
Dela
perdura, ainda,
o suave frescor de aparição.

(O céu
azula a sua mão
e doira-lhe a cabeça...)

E o instante é calmo e bom!

Que horas são?

A tarde recomeça!...

— Quem esqueceu no quarto do bordel
a *Ofélia* de Millais,
adormecida-morta no lago verde-azul?

Vestida de noiva,
tem os cabelos soltos
e rosas sobre o peito...

As mãos poisam de leve,
como plantas de água...

Sereno,
o rosto oblongo
das filhas de Albion...

E toda beijada da folhagem...

— Quem esqueceu no quarto do bordel
a *Ofélia* de Millais?

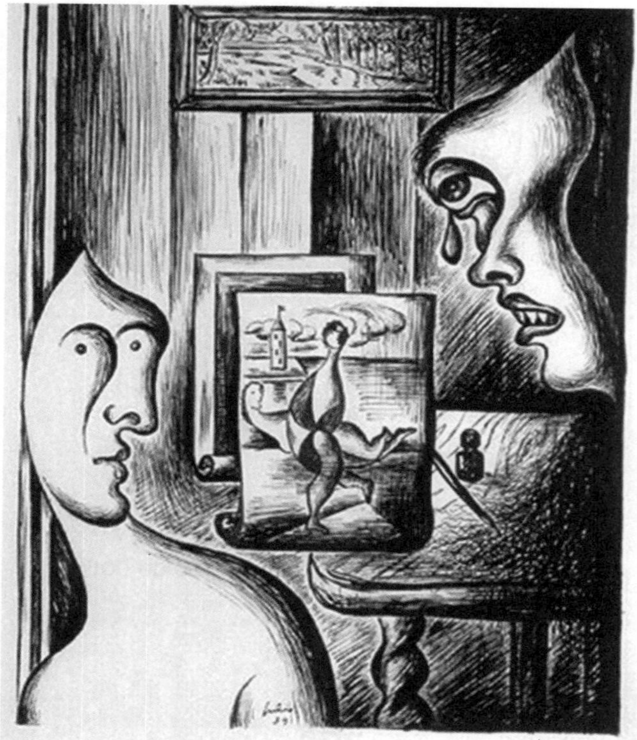

Havia
na minha rua
uma árvore triste.

Quebrou-a o vento.

Ficou tombada,
dias e dias,
sem um lamento.

(Assim fiquei quando partiste...)

No sonho de hoje
eras a nuvem,
doirada, sobre as messes...

(A nuvem que me foge!)

Quisera
dormir eternamente,
embalado nos sonhos em que me aparecesses!

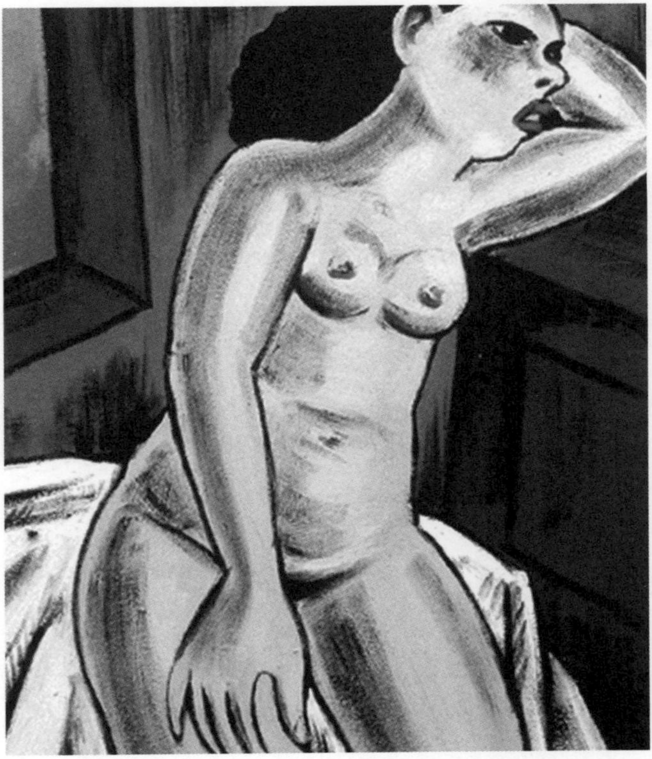

As aves
desenham o silêncio
voando em volta do campanário...

Fugiram do aviário
e voam à solta...

E a alada escolta
abraça o horizonte largo e vário!

A chama ainda perdura
iluminando a noite,
indo acordar os astros...

vestindo de alabastros
as ruas derradeiras...

desdobrando bandeiras
lá no tope dos mastros...

A tarde azul que todos temos
— a tarde que se não esquece —
é a bênção que Deus nos oferece,
vinda dos Páramos Serenos.
(Seu corpo leve como acenos...)
A rosa que não fenece!...

Na Hora-Morte derradeira
tens por amiga, ainda, essa hora
calma, fiel, consoladora,
como um rosário à cabeceira
(Novelo de oiro a cabeleira...)
E a Hora-Morte já demora...

Por que será que em certos dias
eu fico atento, comovido,
esperto o olhar, o tacto, o ouvido?
(Forma gentil que me inebrias)
Acalentar as horas frias
na reza-bruma do sentido!

Dessem-me um Reino de Quimeras
e eu seria o Rei distante,
imperturbável e constante
dispensador de primaveras...
No grande parque à solta as feras...
(Ai do seu corpo, corça ondeante!)

Mas se o vestido lhe rompesse,
como de mágoa eu choraria!
Quebrada a límpida harmonia,
qual suja nuvem na quermesse.
(Se a tua mão sempre a tivesse...)
Que sombra meiga a gelosia!

Beijos trocados no silêncio
são pétalas nas áleas do jardim.
(E o teu corpo tem áleas e alecrim
e madressilvas... Meu desejo incense-o!)
As rosas doiradas do silêncio
desfolham-se na tarde sobre mim.

Desfolham-se na tarde a uma e uma
o circundam, em halo, as horas mansas,
felizes como o riso das crianças,
fugaces como o íris, sobre a espuma...
(Quem perturbou as águas da laguna
e escondeu lá no fundo as suas tranças?)

Como aragem benfazeja
na tarde morna passaste.
E o teu sorriso foi haste
de rosa em altar de igreja.

A fonte que rumoreja
em teu andar copiaste.
E nos cabelos levaste
o sol que neles ondeja.

Já o menino querido,
debruçado nos teus braços,
traquinava divertido.

Que nunca findar de abraços!

(O sonho é doido varrido;
para ele não há embaraços!)

Eu não quero esquecer os dias que viveram.
Por eles escrevi estes versos mofinos;
escrevi-os à tarde ouvindo rir meninos,
meninos loiro-sóis que bem cedo morreram.

Eu não quero esquecer os dias que enumeram
desejos e prazeres, rezas e desatinos;
e, em loucuras ou entoando hinos,
lá na Curva da Estrada, azuis, desapareceram.

Eu não quero esquecer dos dias mais felizes
a bênção branca-e-astral, lá das Alturas vinda,
nem tampouco o travor das horas infelizes.

Eu não quero esquecer... Quero viver ainda
o tempo que secou, mas que deixou raízes,
e em verde volverá, e florirá ainda...

Sangue [1952]

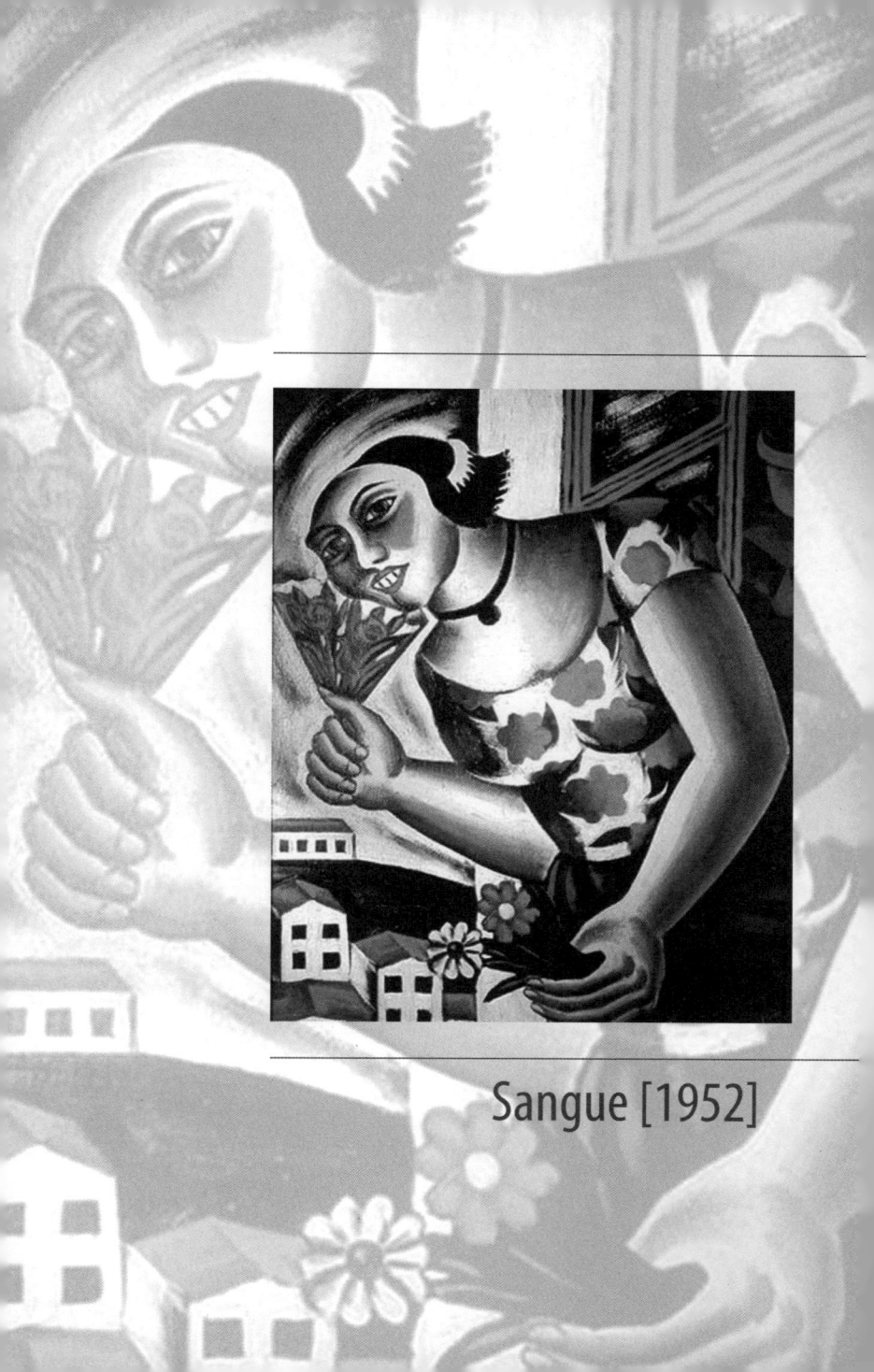

Sangue

Versos
escrevem-se
depois de ter sofrido.
O coração
dita-os apressadamente.
E a mão tremente
quer fixar no papel os sons dispersos...

É só com sangue que se escrevem versos.

Legenda

Queremos vinho e fel.
Desprezamos o mel, as ambrosias.
Somos surdos às brandas melodias.
Maltratamos as rosas do jardim.
Mas queremos o cravo de papel
que enfeitiçou os nossos moços dias.
E guardamos a fita de cetim
que abraçou numa tarde os seus cabelos.
E caminhamos, sós, nas noites frias
e batemos às portas dos castelos.

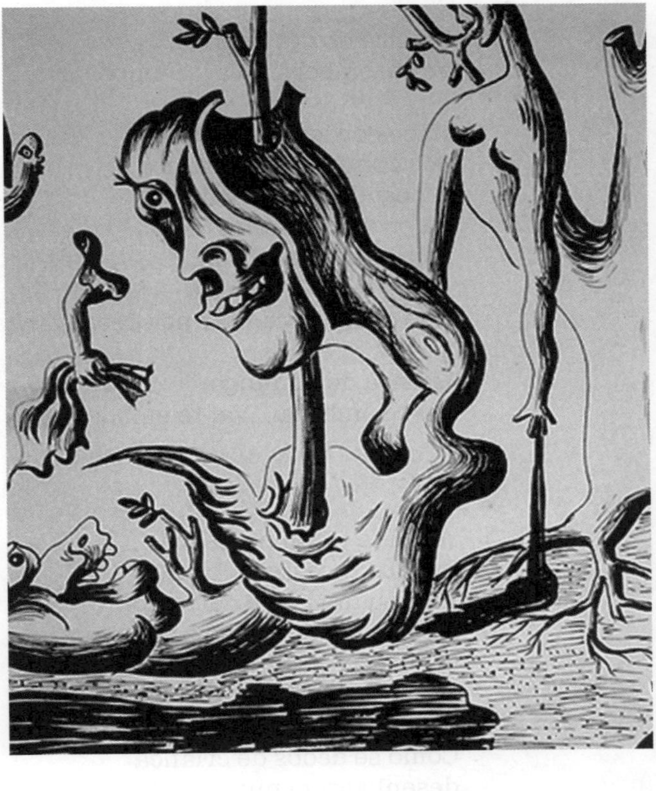

Música

I

Música do domingo,
vai-te embora... Vai-te embora!

Não acordes lembranças
dos domingos de outrora
— pegadas já sumidas
na poeira dos anos
pelas estradas fora...

Não quero acreditar nos desenganos!

Música do domingo,
vai-te embora... Vai-te embora!

II

Amei-te tanto nesse dia
em que tocaste no piano!
Passou um ano e outro ano
e outro... e outro... e a alegoria

sempre a fulgir no oiro velho
da moldura da lembrança!
Como se dedos de criança
desenhassem num espelho

a tão suave e fina imagem!
Por que volveu a tarde quieta
que só a voz do piano inquieta?
A mesma hora...! A mesma aragem!

III

Música
ouvida
na paisagem de outrora,
sentida agora
tão intensamente!

És bem a mesma
da perdida hora!

E como és diferente!

IV

Calma
tarde de domingo
na minha terra, lá longe!

(Música do coreto,
os teus acordes ouço-os
e o meu coração é ainda deles repleto!)

As páginas do livro
que me encheram de sonho,
encontro-as amarelas, roídas pelos anos!

Velhos vestidos, velhos panos,
velhas cantigas de embalar crianças!

— As tuas tranças,
quem as soltou e maculou de enganos?

Província

I

Amo esta rua antiga de província,
quieta, silenciosa.
Casas de rés-do-chão e andar
dão-lhe uma linha sinuosa
como de um bêbado a vaguear
a desoras...

Um velho relógio
deu agora horas,
horas cansadas, horas de há muito tempo:
são um lamento de eras passadas
em que a velha era menina
e desfiava
a teia azul das horas descuidadas...

Que é das meninas desse tempo
nas varandas debruçadas?

II

Aquela praçazinha de província,
com seu ar sonolento,
era tão alma e bênção...

Quatro bancos desertos,
o coreto no meio,
e sempre um ruflar de asas...

Nas horas de calor
os anjos
dormiam estendidos
nas trapeiras das casas.

O velho jardinzinho

Que de nenúfares no lago esquecido
no velho jardinzinho!
Que de liames, que de abraços verdes
em cada caminho!

Sobre as ervas altas volitam insectos
de iriadas cores.
Descem sombras densas das vetustas árvores.
Vão murchando as flores.

No banco partido já ninguém descansa
de canseiras tantas,
a comer o pão, a beber o vinho
das ideias tontas.

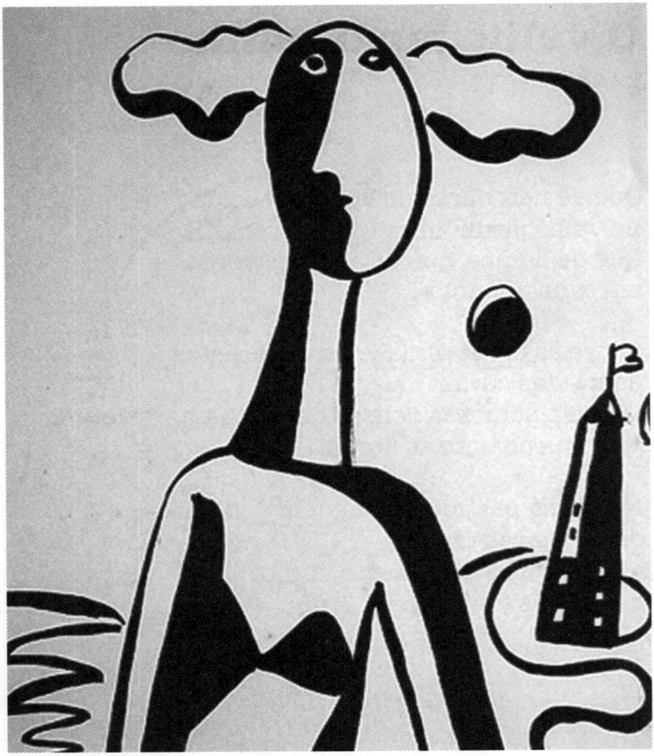

Nua

I

Nua
como Eva.
A cabeleira
beija-lhe o rosto oval e flutua;
o corpo
é água de torrente...

Eva adolescente,
com reflexos de lua
e tons de aurora!

Roseira que enflora!

Desflorada por tanta gente...

II

Teu corpo,
mal o toquei...

Só te abracei
de leve...

Foi todo neve
o sonho que alonguei...

Asas em voo,
quem, um dia, as teve?

Os sonhos que eu sonhei!

III

Jeito de ave
e criança,
suave
como a dança
do ramo de árvore
que o vento beija e balança!

Nave
de sonho
no temporal medonho
silvando agoiro!

Quem destrançou os teus cabelos de oiro?

IV

Corpo fino,
delicado,
sereno, sem desejos...

Tão macio,
tão modelado...

Beijos... Beijos... Beijos...

V

No meu sono
ela flutua
a cada passo...

Nua,
riscando o espaço
numa névoa de outono...

Apenas nos cabelos
um azulado laço...

E assim enlaço
a imagem sua...

Viagem

— Vento, não bulhes, deixa-me dormir.
Vai bater a outras portas, às portas dos felizes.
Deixa-me sossegado. Eu tenho de partir,
não tarda muito, p'ra longínquos países.

Preciso de estar calmo. Sê meu amigo, vento,
não me acordes. Faz antes como a aragem
que passa leve, nas tardes sem alento...
Eu tenho de seguir uma longa viagem

Desenho de rapariga

Corpo suave,
de traços finos,
modulados trinos
ao entardecer

A linha esguia
que delimita
e acaricia
o braço de ave
é tão bonita

Quase mulher
Quase criança

Toda pureza

— Vede
a beleza
como se enlaça
na sua trança!

Tantas flores

Tantas flores quietas
suspensas desde o tempo ido!

Aguardam o indefinido,
através horas inquietas,
através horas sem sentido

E sofrem de agudas setas

O vago ramo prometido!

Poeta

I

— Vai!

Corre o mundo
encostado
a um bordão de esperanças!

Hão-de ferir-te os pés
as pedras dos caminhos.
Mas entenderás a conversa dos ninhos
e o riso das crianças.

II

— Por que esconder as lágrimas,
disfarçar a emoção que te cansa?

Fútil o motivo?
— Embora!

Chora, poeta,
chora como uma criança!

III

Um dia, ao entardecer, passaste
no jardinzinho agreste, abandonado
a um canto da cidade.

Os ramos
davam no ar abraços

Os sonhos que emprestaste!

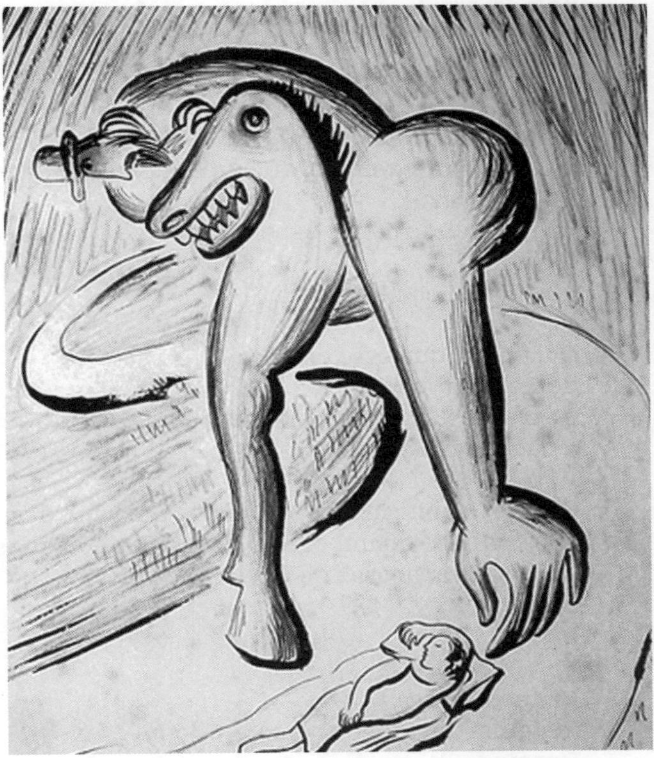

(Havia nos teus braços
rosas brancas
e pedaços
dos versos que escrevi na minha mocidade.)

IV

— Uma esmola para um poeta!
Não de pão. Não de dinheiro.
Apenas, por exemplo, que uma nuvem cor-de-rosa
flutue no azul,
contrastando com o cabelo daquela rapariga
loira
que há pouco me sorriu.

Ou, então, que essa criança
deixe fugir a bola,
e atravesse a correr, afogueada do calor de verão,
a rua amarela do pequeno jardim!

Ou que, à noitinha, percorrendo uma rua deserta,
ouça, vindas de um prédio de janelas cerradas,
as horas vagarosas de um antigo relógio.

V

Na tarde longa
imaginei um longo poema.
Depois,
fui-o encurtando
e reduzi-o a pequenos versos.

Quisera que os meus versos
fossem duas palavras apenas,
aéreos como penas,
leves
como tons dispersos

VI

Só porque me sorriste
nessa tarde
o sol inundou a cidade.

E no meio do asfalto,
entre o rumor dos táxis,
surgiram de repente
árvores agrestes cheias de flores e pássaros.

E eu senti-me feliz, como se ouvisse,
tangido lá da infância,
um toque de novena;
ou percorresse, alheado e sozinho,
num dia de verão, entre o zumbir de insectos,
um caminho de aldeia.

Vento

Vento que passas
no meu jardim

Doido que traças
curvas sem fim

Quebras as taças
do meu festim,
vento que passas
tão junto a mim!

Velho poema

Quem me chama?
Quem me chama?

Quem me acena da Altura?

A minha alma
é uma flor escura
que desabrochou em lama.

Esplêndida cama!

Tantos lírios p'r'a minha sepultura!

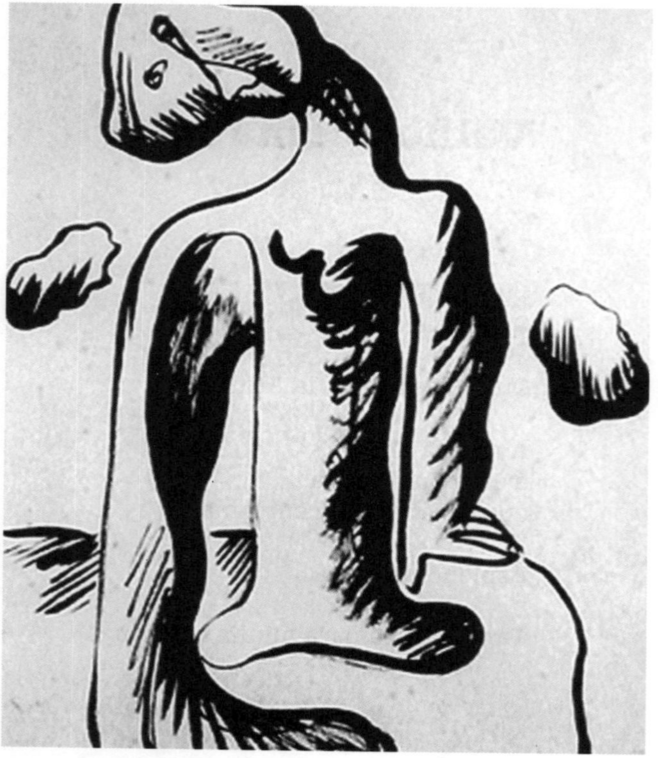

Poeira

I

O dia foge.
Agarra as folhas,
ó tu que olhas
pela vidraça,

enquanto verdes.
Que secarão.
Não vês que perdes
a ocasião?

Já sopra o vento!
Já corta o frio!
Cresce a geleira!

Vento! Mais vento!...
Frio! Mais frio!
Que de poeira!

II

— Árvores, amigas árvores do parque silencioso,
não vistes, à tardinha, passar a minha amada?
Ela usa um vestidinho simples, gracioso,
e a sua expressão é ingénua, delicada
Não a conheceis, árvores do parque silencioso?

Pequenino regato, diz-me, em teu espelho verde
não veio remirar-se a minha amada linda?
A essa hora em que o sol lá nos longes se perde
não esperas também, ansioso, a sua vinda?
Pequenino regato, que diz o teu espelho verde?

Ervas humildes, ervas rasteiras do caminho,
a minha amada não passou por aqui?
Mal vos deve tocar seu fino sapatinho,
que um andar assim tão leve eu nunca vi
Que me contais, ervas rasteiras do caminho?

— Essa que dizes passou por aqui há muito tempo,
há muitos anos... Invernos que lá vão!
Deve agora habitar algum velho convento,
perdido em longínqua e fria região
Agora, por aqui, há só a poeira e o vento.

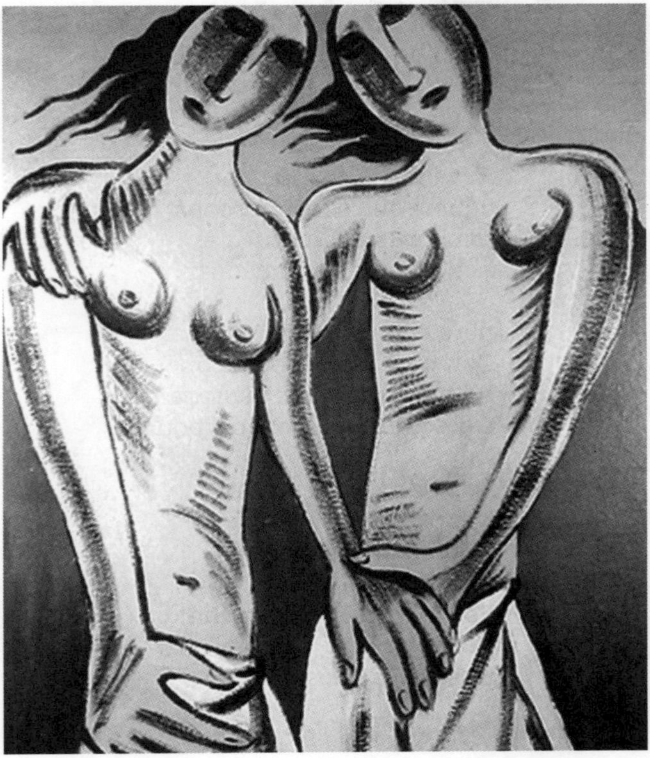

História de uma rosa

Era uma rosa menina
aquela que os namorados,
em hora bem matutina,
nos dedos entrelaçados,

p'r'a romaria levaram.
Correu o folguedo louco.
As horas quentes passaram
e ela murchou pouco a pouco.

Depois caiu na poeira,
aos pontapés foi levada,
rolou pela ribanceira

Pobre rosinha vermelha!
Rosa murcha, empoeirada!
Rosa seca! Rosa velha!

Noémia

O parque
da cidadezinha em que vivo
tem um ar tão amigo
nestes fins de tarde

No setembro manso
que belo repouso
para uma alma boémia!

Sento-me e descanso.
No tronco de uma árvore,
há um nome gravado em letras fundas: Noémia.

— Noémia linda,
que fazias sofrer o namorado,
bordaste acaso a roupa do noivado?
Quem és tu? Onde estás? Vives ainda?

Nunca envelhecerás

A tua cabeleira
é já grisalha ou mesmo branca?
Para mim é toda loira
e circundada de estrelas.
Sobre ela
o tempo não poisou
o inverno dos anos
que se escoam maldosos
insinuando rugas, fios brancos

Ao teu corpo colou-se
o vestido de seda,
como segunda pele;
entre os seios pequenos
viceja perene
um raminho de cravos

Pétalas esguias
emolduram-te os dedos
E revoadas de aves
traçam ao teu redor
volutas de primavera.

Nunca envelhecerás na minha lembrança!

Duas poesias

I

No teu chapéu de palha
há um pequenino ramo de flores artificiais
mas tão verdadeiras,
tão reais

Abençoadas as roseiras
que dão rosas artificiais!

II

Teus jovens anos floriram nos meus braços
e eu tive uma braçada de flores
numa manhã de maio.

O sol caiu então num ligeiro desmaio,
escurecendo a terra
e ocultando
as lágrimas de orvalho das ervinhas rasteiras.

E o teu corpo foi também o mês de maio
com cheiro a madressilva e rosas trepadeiras.

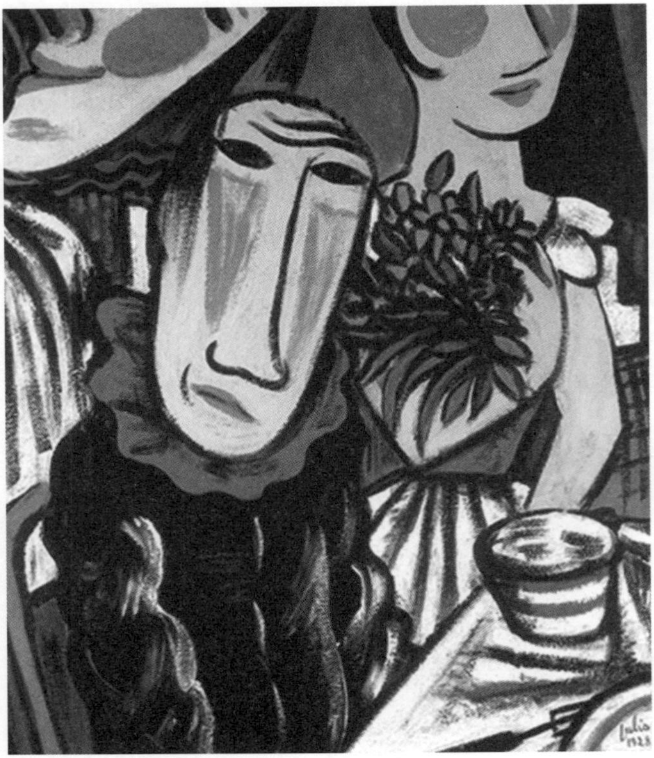

As horas perdidas

I

O tempo ido,
puído
no tumulto do tempo,
sumido
entre as ervas do esquecimento,
é um túmulo partido
num antigo convento!

E a tua imagem
uma velha roupagem
pendurada
no portal do tempo,
batida
pelos ventos do esquecimento

Delida
a fresca aragem
no temporal do tempo!

II

Em tua volta
só o silêncio.

Só o silêncio
amarfanhando as horas
que caem sonolentas
de um relógio inexistente

Só o silêncio
extinguindo lembranças
que esqueceram
e depois renasceram
ténues, a medo,
acordando esperanças

Como se ainda,
em tempo ledo,
desprendesses as tranças!

III

Às vezes,
altas horas,
atravessas o meu sono,
encandescente meteoro
abrindo flores de luz,
ou sumido lampejo
de fósforo riscado numa viela lôbrega!

(Assim
vicejam frescas rosas
ou perpassam espectros
nas noites infindáveis)

E de um velho cortinado
a luz coada, baça,
ressuscita do escuro
as horas esquecidas,
entretecidas de perenes ramos
Essas horas perdidas
em que perdidamente nos amamos

Três sonetos

I

Por que voltais, árvores da infância,
ao meu jardim já ressequido?
Da passarada o alarido
por que ressurge da distância?

Por que abrem rosas orvalhadas
por entre a névoa da manhã?
Por que as pegadas, velho Pan,
deixas nas ervas castigadas?

Não volteis mais. Meu coração
vai aquietando a pouco e pouco,
tal no hospício a um velho louco

a calma vem do tempo são.
Quero esquecer. Quero dormir.
Quero fugir, quero fugir

II

Por que estremeces ao soprar do vento?
Por que entristeces quando caem folhas?
Ergue os teus olhos. Por que não me olhas
com os olhos tão puros de outro tempo?

Não sei envelhecer. É bem o mesmo
o coração que bate no meu peito
e não se cansa de bater... Afeito;
afeito às dores que a vida joga a esmo.

Maio finou-se. Foi engalanado
com mil florinhas líricas, silvestres,
numa túnica verde aconchegado.

E eu fiquei a esperar o novo ano
— Rosas singelas, que ternura destes
tão cor-de-rosa, tão perfume e engano!

III

Ninguém compreende o que o teu corpo diz
no leito de aluguer, nu, alongado.
O precioso mármore venulado
com dedadas de mãos impuras, vis!

E, às vezes, tu mesma, insana, ris,
fazendo coro ao bando dementado,
enquanto o vendaval do tempo irado
os anos vai marcando a frio giz.

Contudo, numa tarde, as tuas mãos,
lassas, tombaram como aves mortas.
E os teus olhos límpidos e sãos

procuravam nos meus aquelas portas
dos palácios azuis, longínquos, vãos,
a que em vão nós batemos a horas mortas.

Outras rosas

Branda
a tarde declina.
É tão mofina
a hora do sol morrer!

Vão acender
milhões de luzes
na abóbada
da grande catedral.

Quantas cruzes
se arrastam!
Quantas almas
se libertam
e vagueiam nómadas
pelo espaço sideral!

— Senhor,
as rosas não nos bastam.
Queremos rosas que nos façam mal.

Isso tudo...

Ó rosas cor-de-rosa! Ó madressilvas!
Papoilas rubras a alegrar o trigo!
Passarinho cantor tão meu amigo!
Tardes em cor's morrentes, fugitivas!

E os dedos teus nas minhas mãos sedentas
a prolongar a esquiva melodia!
E o adeus na manhã húmida e fria!
E as horas infindáveis, sonolentas!

E o tempo a emaranhar quimeras e destroços,
desbotados papéis, florinhas amarelas!
E os restos do festim: poeira, cinza e ossos!

E a noite em que eu sonhei o estranho amor-
                              [perfeito,
iluminado à luz de impossíveis estrelas!
Isso tudo a esfriar no escuro do meu peito!

Enquanto o filho dorme

De noite acordo e quero ver-te. Dormes
tão quentinho no leito aconchegado
Lá fora, o inverno, túmido, pesado
de ventaneiras, temporais enormes.

O relógio dá horas, meias horas,
e eu não me canso de fitar teu rosto,
sereno, róseo... Nem pelo agosto
há tanta claridade nas auroras!

Neva lá fora. Como é quente aqui!
Aqueço as minhas mãos à tua beira
tal como ao lume bom duma lareira.

E arde o lume que provém de ti!
Que viva a chama! Que calor tão bom!
Que bem aquenta um pobre coração!

Ali

Ali sofreste. Ali amaste.
Ali é a pedra do teu lar.
Ali é o teu, bem teu lugar.
Ali a praça onde jogaste
o que o destino te quis dar.

Ali ficou tua pegada
impressa, firme, sobre o chão.
Ninguém a vê sob o montão
de cinza fria e poeirada?
Distingue-a, sim, teu coração.

Podem talvez o vento, a neve,
roubar a flor que tu criaste?
Ali sofreste. Ali amaste.
Ali sentiste a vida breve.
Ali sorriste. Ali choraste.

Gérmen [1960]

Gérmen

I

— Abre a gaveta,
poeta,
e atira os teus poemas ao vento
num dia de ventania!

E chora,
chora de alegria,
comovido!

Pequeninos papéis
irão juntar-se ao pó dorido
das infindas estradas,
e apodrecer de mistura
com as ervas pisadas
e os restos imundos,
participando, talvez,
na estranha tessitura
de novos mundos

II

Não conserves as rosas
num copo de água.
Murchariam depressa
irremediavelmente.

Joga-as fora!
A valeta
que dessora
húmida, quente,
fá-las-á reviver
em húmus, sangue, lume...

E, rosas outra vez,
serão cor e perfume,
abraçando o jardim
de lés a lés...

O poeta no café de província

I

O poeta dormita ao fundo do café,
um pobre café de província.
Envelhecido,
os cabelos grisalhos
pendem-lhe sobre os olhos
que se fecham
a essa hora adiantada da noite.

No entanto,
os seus olhos
descortinam, lá longe,
uma paisagem
tão diferente daquilo que o rodeia!

É abril!
Pequeninos ramos,
viçosos,
espreitam pelos muros.

Corre um ventinho ligeiro,
alvoroçando as ervas dos caminhos.
E os pássaros,
os eternos cantores
dos jardins, das florestas,
ensaiam
complicados motivos

Corre um ventinho ligeiro,
bem diferente do vento dessa noite,
à hora em que o criado
corre os taipais do café,
olhando de soslaio o freguês retardatário,
sonolento

II

Um fogacho, um lampejo
vale a pena provocá-los?
Vale a pena estender os lábios para um beijo
inútil, que não gera?
Vale a pena estar à espera
não se sabe de quê,
sentindo frio, frio?

À mesa do café
O poeta escreve versos,
versos desmesuradamente compridos,
desmesuradamente sentidos,
estilisticamente certos ou incertos,
com rima ou sem rima (tanto faz)

— Eh, rapaz!
Um cálice de absinto
para imitar Verlaine e os poetas malditos.
(Mas cautelosamente...
Aqui não se toleram mitos!
Há ladrões! Fechem as casas!)

E a monotonia a armar o andaime...

— Vá, asas,
élitros
de insectos, pássaros ou anjos,
esvoaçai,
palpitai,
acordai-me!

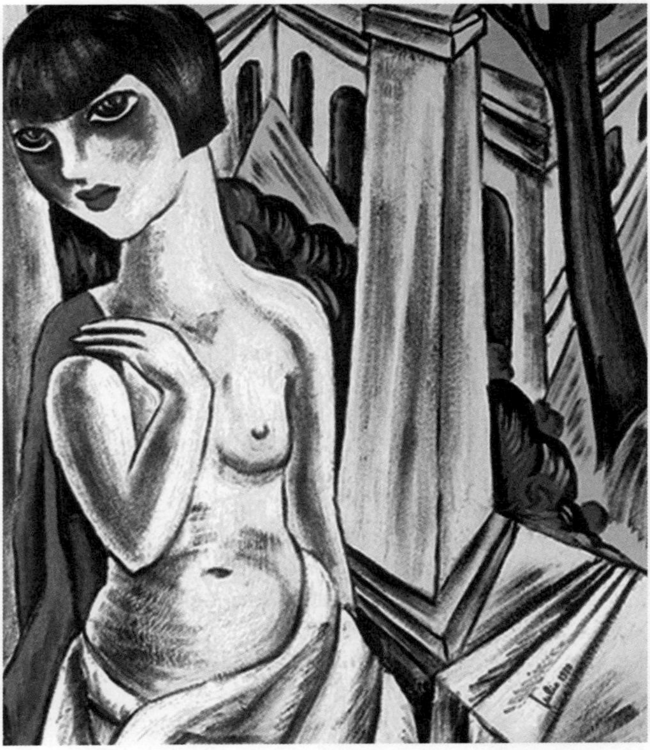

Abril

Onde estais vós
manhãs de abril,
manhãs de anil?

Manhãs tão claras,
tão transparentes,
resplandecentes!

Que jóias mil
as gotas de água!
Que grande mágoa

perdê-las todas!
Perder as bodas
do mês de abril!

Reverdecer

No sonho
há apenas um aflorar de almas.

Quantos anos passaram!

No entanto,
ainda há pouco,
caminhávamos de mãos dadas,
como dantes,
pelos caminhos agrestes...

Floresciam os limoeiros desse tempo
e o cantar dos pássaros era o mesmo.

Os roseirais
(lembras-te?)
dormitavam nos muros...

(Ah!
O sono e o sonho,
também de mãos dadas,
a reverdecer velhos ramos descoloridos!)

O jardim

Dantes
o jardim era tão belo!

Que perfume
entornava o alecrim
no ar verde-amarelo!

Que de rosas de lume
nele sonhei prender no teu cabelo!

Hoje
sinto-o em mim
abandonado, sem desvelo,
enquanto o tempo,
até ao fim,
das lembranças desfia o túmido novelo...

Quieta

Passaste
subtil
na tarde quieta.

O ar anil
ondulou...
Como uma seta
uma ave baixou
da velha torre
e pousou
quieta.

Eu era o esteta
procurando
entre fórmulas mil
o ancoradouro, a meta...

Inúteis tentativas!

Tudo passou...
Tudo queimou
o tempo vil...

Só perdurou
o ar anil
da tarde quieta.

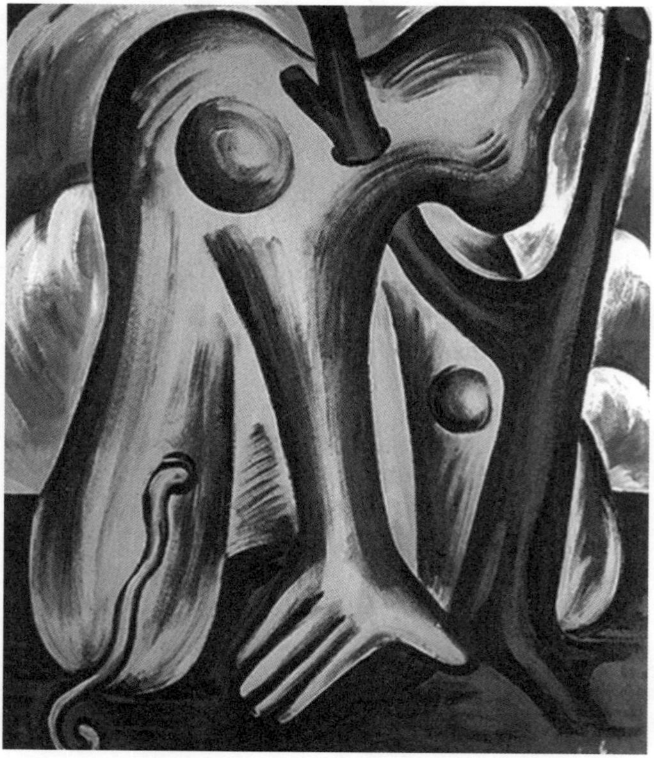

Nesse tempo

Nesse tempo
eu faltava às aulas.

A música do *jazz*
vibrava no café.

À noite,
o velho *High-Life*
era o tempo magnífico
onde Chaplin,
como o Deus da Sistina,
erguia o braço
condenando e perdoando...
(Desengonçado
o piano
acompanhava
com notas de Beethoven
O peregrino, *A quimera*...)

E numa tarde
em Paris
ajoelhei, em plena rua,
diante dum quadro de Pascin...

Nesse tempo
eu faltava às aulas.

Nua

Nua
na floresta verde.
Há tons de lua
e de azebre
no seu corpo estendido,
como fruto tombado
dum ramo sacudido.

O vendaval
passa bramindo
na lonjura...

E ela é pura,
quase tão pura como Ofélia,
cuja pureza
a própria água inveja...

E a água,
que a seus pés desliza,
mal murmura,
receosa, talvez,
de acordar a beleza...

Entrudo

Sala vulgar dum cabaré.
Antemanhã. Findou o entrudo.
Calou-se a voz do oboé.
Um par ainda: eu ao pé
da colombina de veludo.

Envergo um fato de palhaço
com lantejoilas corroídas;
largo demais, o corpo lasso
joga mal nele; em cada braço
tombam as mangas desmedidas.

Dela afinal nada conheço.
(Meu coração, no entanto, a escuta)
A sua mascarilha é um muro espesso.
Nada lhe dou, nada lhe peço...
Será donzela? Prostituta?

Uma luz ácida, azulada,
espreita já pela janela.
Saio. Que baça a madrugada!
Que alheia a rua abandonada!
Que vazio na alma que enregela!

A ferida

Tudo passa,
tudo esquece,
(dizem)
na nossa vida.

No entanto
aquilo que nos marca
na alma,
deixando uma ferida
a sangrar,
isso permanece
e entontece
ou dá calma...
(Assim o mar
sereno ou revolto)

Ondas azuis,
ondas do teu cabelo solto
a espraiar, a espraiar...

O poema

A tarde cai,
silenciosa,
morosa

Na alma do poeta,
o poema,
estranha rosa
rubra e preta,
abre...

Afinal,
escrever um poema
é fixar uma pena,
sentindo estoirar
o calabre
do coração,
nostálgico do éden...

— Vá, poeta,
deixa o coração sangrar!

Para que negar
a esmola que te pedem?

Esquiva

Fugida da lembrança,
corres
nas ruas do jardim,
estouvada criança...

Azula-te o cabelo
acetinado laço,
em que o sol,
a cada passo,
acorda
reflexos iriados...

Perseguida da sombra,
desmaias
na alfombra
de imaginários prados...

Até que o dia
fenece
e arrefece,
arrefecendo os sonhos desvairados...

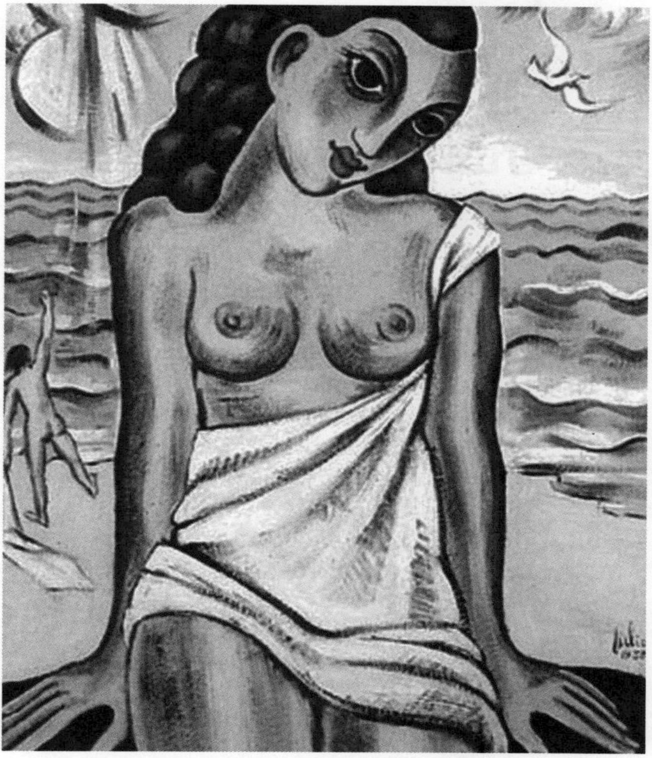

Junto de uma fonte

Um fio de água a correr...
Que bom para adormecer!
Eu venho de longes terras,
pisei estradas maldosas,
esqueci a cor das rosas,
perdi o gosto de amar.
Quero dormir, esquecer...
....
Um fio de água a cantar...
Que bom para me acordar!

A flor e a ave

A flor
e a ave!

Uma quieta,
a outra
esvoaçando em redor...

A flor é álacre,
de pétalas vermelhas!
E a ave
prende nas suas penas
irisadas centelhas...

Lembram dois namorados
que o amor
enleia em fina traça...

— Vede
como a ave esvoaça
em torno da flor!

Menino

Em mim
a infância permanece,
tal num jardim
o canteiro se aquece
de rosas e alecrim.

De encontro ao velho muro
que ruir de ilusões!

E eu continuo
a ter medo do escuro
e a sonhar com ladrões!

Início

Sorris
E o mundo começou agora mesmo!

A tua mão
sinto-a poisar na minha...

Há voos de andorinha...
Caem rosas a esmo...

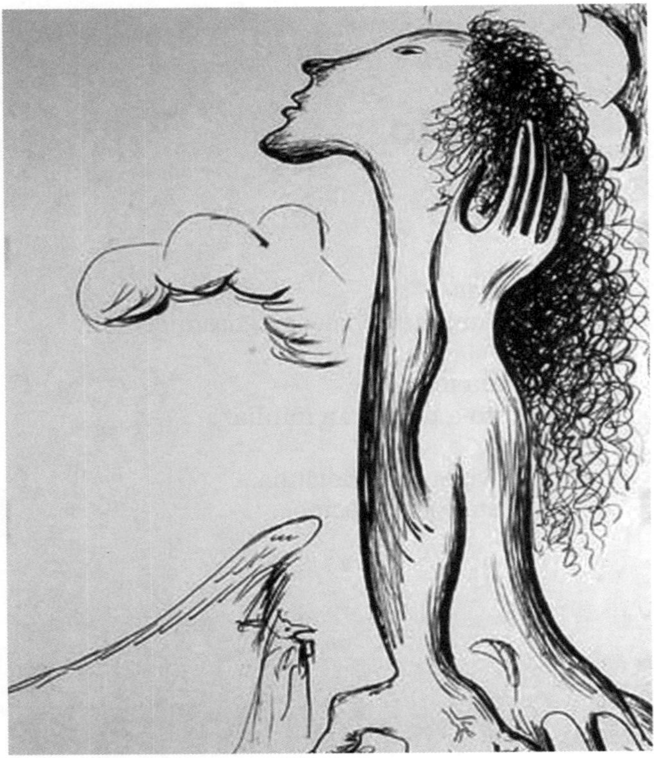

Fim

Pequenino jardim
florido!
Sinto-o perdido
dentro de mim...

Tal um cetim
corroído,
ou poluído
um jasmim...

Tudo encontra o seu fim
dorido...
Eco sumido
dum bandolim...

(O instante querido
embrulhado em serrim!)

Uma rosa

Pequenina rosa
desfolhada há pouco!
Do poeta-louco
desejada esposa!

Delicada esposa
do poeta-eleito
que a trouxe ao peito
na manhã radiosa!

Numa tarde fria,
numa tarde preta,
caiu na valeta...

Qual a mão que a rosa
desfolhou, maldosa?
Foi o seu poeta?

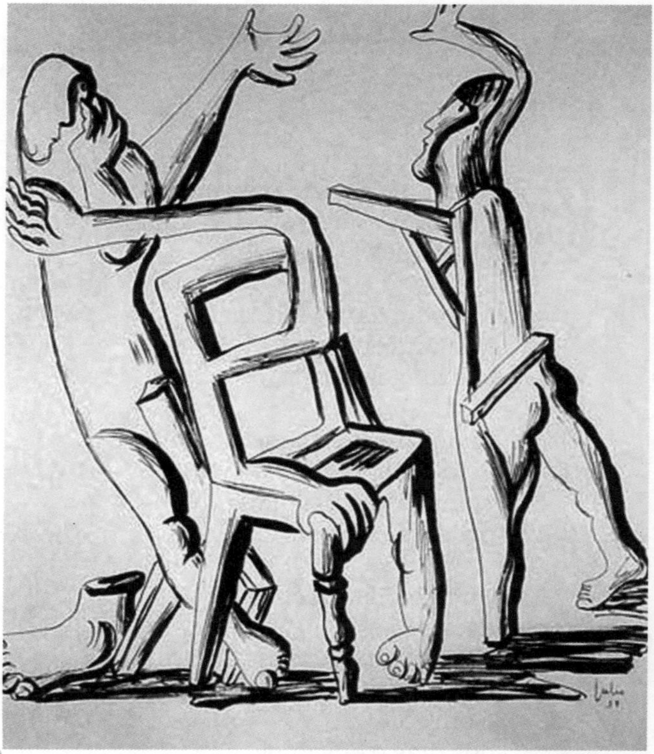

Quintal desfeito

Nem uma flor no meu quintal.
Nem um ramo verde ao menos.
Tudo quebrado, seco.

Nem um canto matinal.
Nem um eco
nos longes repetido.

Tudo sumido, parado...
Pelo chão
velhos trapos, papéis,
pedaços de metal oxidado.

Onde havia rosas,
agora
aranhas monstruosas
vão tecendo
o enredo
dos dias e dos anos...

Frágeis enganos
por que fugistes tão cedo?

O novelo

Sim, um novelo!
Um enorme novelo de fio
pousado a um canto do salão!

Por que não entram mais
pela janela
os violinistas errantes,
os palhaços decrépitos,
as bailarinas juvenis?

Por que se extinguiu a música
e amareleceu a folhagem?

Por que ensaia o vento
constantemente
acrobacias de poeira?

(O bolor
comeu as feições do teu retrato.)

Só o novelo
vai crescendo,
enrolando
o longo fio das horas intermináveis!

Jardim nocturno

De noite
rezas por mim.

A essa hora,
a minha alma,
liberta,
vagueia lá por fora...

Onde ela queda
nasce um jasmim,
laivado a tons de aurora...

Que labareda
de flores acesas no jardim!

Primavera

Quisera
que o teu riso claro
iluminasse
as minhas horas pretas,
tornando-as calmas
como meninas quietas...

Quisera
meus longos dias abençoados
por tuas graças de primavera
— alegorias de azuis doirados —

Velhas ruínas abraçadas de hera!
Ninhos com asas pelos beirados!

A antiga gaveta

— Ah! A alegoria dos tempos idos!

A velha oleografia
amarelecida
toda em tons condoídos...

E o teu retrato
desbotado...

Que aparato
de panos corroídos!

E os meus olhos de menino
tristes já, já fundos,
cismando,
adivinhando,
em vez de novos mundos,
os dias repetidos.

Rosas perdidas

Esqueci-me das rosas
e delas o olor, a cor,
as pétalas oleosas...

Deixei de as pôr ao peito
como dantes,
quando seguia alheado,
magicando um vago teorema,
sentindo-as provocantes
quais *vamps* de cinema
na capa dum magazine ilustrado...

À tarde emurcheciam
(tal as mulheres que amei...).

Hoje
delas nada sei.
O olor, a cor... Tudo sumido,
compungido!

Por que desperdicei tanta e tanta flor?

A estrada

Penso,
às vezes,
que caminhas a meu lado
numa estrada infindável,
ora ensombrada, ora cheia de sol,
que se perde, lá longe, nas vias-lácteas sono-
                                  [lentas...

O tempo
são as bátegas de poderosos invernos,
as enxurradas com os seus novelos de água,
os vendavais, as ramarias das florestas...

Sinto a tua presença
no palpitar dos campos em abril,
na quietidão das noites estreladas...

E o silêncio,
esse,
é o arfar da tua respiração,
compassadamente,
ao longo de milhares de séculos
num ritmo que uma fórmula misteriosa
regula misteriosamente.

O pequenino poema

Sinto-me hoje feliz:
prendi-te num pequenino poema,
tal uma borboleta
entontecida
num raio de sol primaveril...

Fixei aquela tarde
em que no café, junto ao rio,
doidamente nos apertámos os dedos
(Lembras-te? Riam-se, junto a nós, da nossa mocidade)

Quem sabe se, algum dia,
um homem só, abandonado
no fundo da província,
encontrará,
nas páginas amarelecidas de uma velha revista,
o pequenino poema da nossa mocidade?

E, lendo-o,
o seu coração
reflorirá do encanto das horas tão amadas...
E, no seu ombro, pousará a mão quieta
do anjo da guarda da sua infância...

Essência [1973]

Essência

Perder
é achar a essência
do que se perdeu.

Assim, eu
para sempre te guardo,
recatada,
tal a peça doirada
no museu...

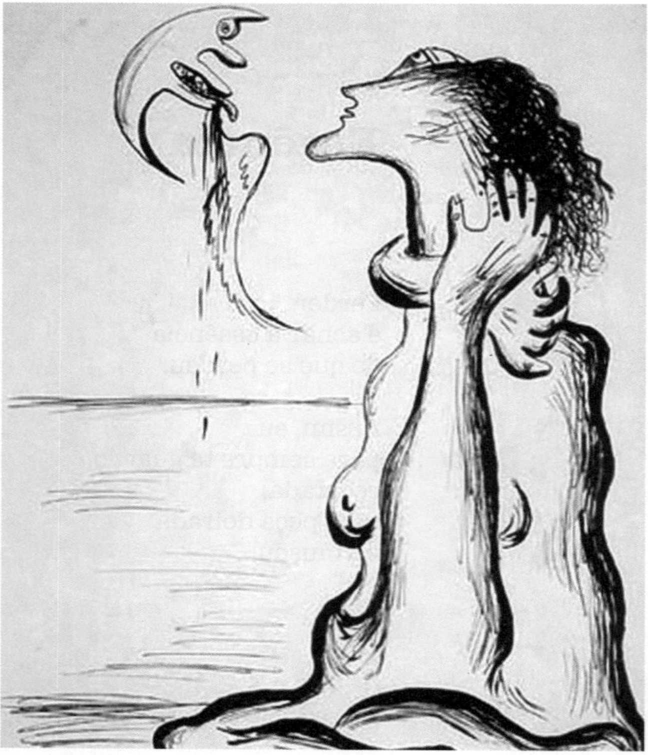

Dádiva

A flor que me não deste
e, esquiva, recusaste,
naquela tarde triste,
naquela tarde agreste,
— uma rosa amarela
debruçada na haste —
foi afinal aquela
a flor que me entregaste,
pra sempre me entregaste,
naquela tarde triste,
naquela tarde agreste!

A sanfona

A minha alma é uma velha sanfona
modulando uma ária e outra ária,
sempre a mesma afinal, embora vária...
A mesma cor, a mesma zona!

A alma dói. Geme a sanfona.

Um poema

Um poema
é a reza dum rosário
imaginário.
Um esquema
dorido.
Um teorema
que se contradiz.
Uma súplica.
Uma esmola.

Dores,
vividas umas, sonhadas outras...
(Inútil destrinçar.)

Um poema
é a pedra duma escola
com palavras a giz
para a gente apagar ou guardar...

Retrato

I

Inventei rosas para o teu cabelo,
rosas dum azulino tom
e estranho gineceu.
Ornei teu colo
com flores do campo
que o campo nunca deu.
Fiz brilhar teu vestido
com pedras de irreais cores.
Circundei-te de pequeninos amores.

Dos fundos arvoredos
escutei os segredos.

E fui buscar às águas dos ribeiros
a transparência, os cheiros,
a fluida cor.

Com um pincel grato
pintei o teu retrato
só pelo interior.

II

Desenhei flores
prolongando-te os dedos.

Na tua boca
tentei pôr os segredos
da Gioconda.

Nos teus seios
fiz espraiar a onda
de incontidos desejos.

E, em redor de ti,
um halo, um halali...

Rosa morta

Desfolhaste uma rosa
naquela tarde
e o seu perfume ainda hoje dura...

Tal na lonjura
a toada de um sino se repercute...

Ninguém que a escute?
Que importa!

O vento bate à minha porta
e traz-me folhas de uma rosa morta.

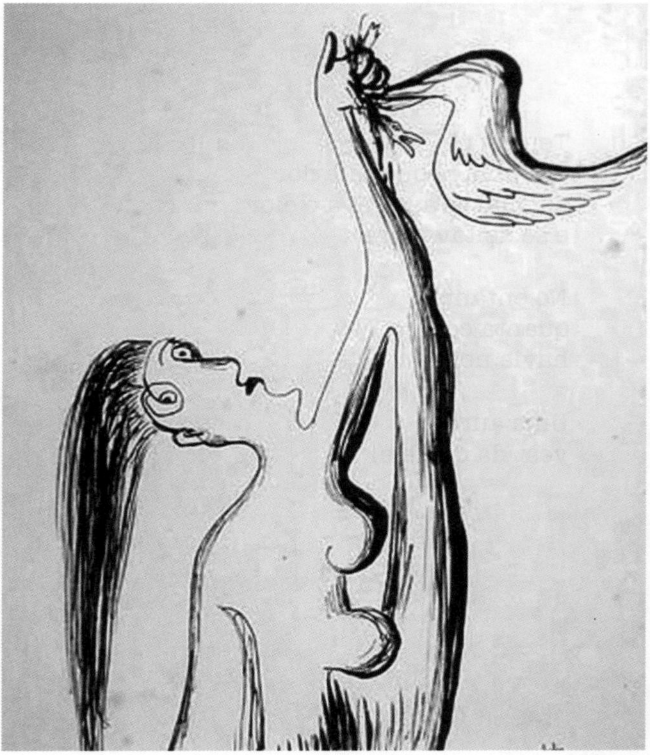

Aurora

Teu corpo
era uma pequenina flor
da qual se aspirava o olor
e se deitava fora...

No entanto,
quanta cor
havia nele!

Uma aurora
vestida de pele!

Flor

— Flor,
dá-me o olor
do teu amor,
mesmo inconstante...

Uma hora.
Um instante
irresoluto...

É impoluto
sempre
o amor de uma flor!

Realejo

— Velho músico,
vai buscar o teu velho realejo!
Eu dou-te o que quiseres.
Mas,
como dantes,
fala-me do sol, do campo,
do vinho, das mulheres...

Vá, sê meu amigo,
velho músico!
Quero sofrer contigo.

Duas palavras para ti

Onde estás
eu não sei.

A flor que te neguei
secou
dentro de mim.

Esqueci o caminho,
e o cântico do ninho
alvorocei...

Um pequeno poema para ti.
Uma fita para a tua trança de criança.
Estas duas palavras para ti.

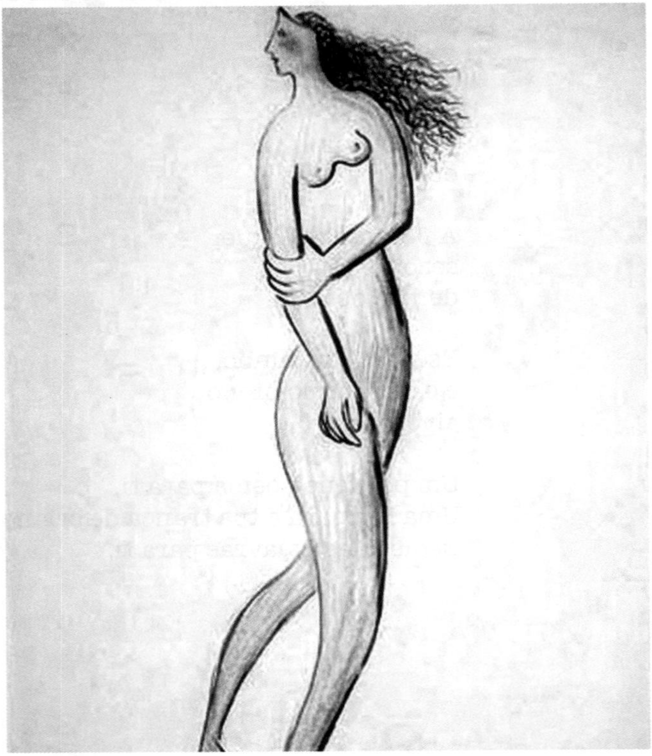

Hora cinzenta

Tanta chuva lá fora!
Tanta desolação!
Tanta nuvem no ar!

E o meu coração
a sangrar
mil feridas abertas!

Pelas ruas desertas
há um vago cismar
nas fachadas das casas!

Extinguiram-se as brasas.
Cerraram-se as janelas.
Espera-se o amanhã.

E não cessa o *cancan*
das folhas amarelas!

O malmequer

Na antemanhã
os pássaros despertam;
ensonados, ensaiam
tímidos gorjeios...
Uma ténue claridade
palpita no horizonte.
Sinto o crescer das folhas.

— Onde estás
a esta hora?

— Desperta como eu?

Imagino
que, neste instante, olhas
o infinito céu...
E, distraída,
desfolhas
(pensando em mim, talvez)
um malmequer cerrado
de mil folhas...

Lembrança

Guarda em teu coração uma lembrança minha.
De um dia, de uma hora, de um instante
o aroma, o fascínio...
Tal um brilhante
cerrado num escrínio.

Quando um dia, partires
envolta no negrume,
talvez essa lembrança
venha a ser o teu pão,
venha a ser o teu lume.

Riso

Nos canteiros
riem as flores
e tu passas, entre elas,
também a rir.

Em volta, tudo ri,
e eu sinto-me possuído desse riso.
Cerro os olhos.
Receio que me cegue a luz do Paraíso.

O silêncio

Peço apenas o teu silêncio,
como uma criança pede uma flor
ou um velho pedinte um bocado de pão.
Um silêncio
onde a tua alma se embrulha, friorenta,
trémula, à aproximação das invernias.
Um silêncio com ressonâncias de antigas primaveras,
de outonos descoloridos
e da chuva a cair no negrume da noite.

— Vá, motorista de táxi,
transporta-me
através das ruas da cidade inextricável,
vertiginosamente,
buzinando, buzinando,
abafando o ruído de um outro silêncio!

Cristos pobres

Cristos pobres!
Cristos dos pobres!
Cristos dos pobres de Cristo!

Pregados
num rígido madeiro
ou contorcido galho.
Talhados
por algum carpinteiro
num resto de tábua de soalho.

Braços abertos
cortados
dos ferros das adagas.
O olhar que se perde.
As chagas
supurando zarcão ou sangue verde.

E perdoando, perdoando
tanto pecado, tudo isto...

Cristos por esse mundo de Cristo!

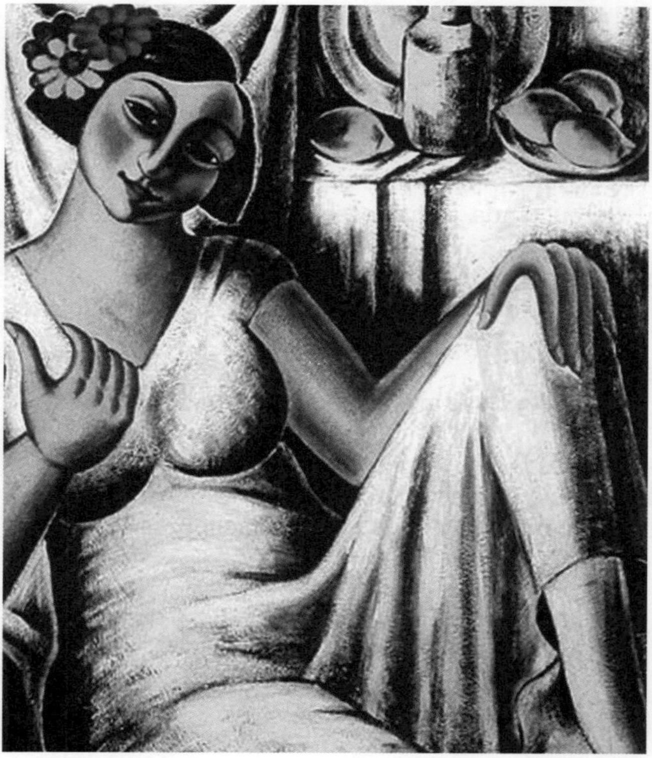

Chacota

Ah! Se eu ainda escrevesse versos num caderno de
[escola,
contando as sílabas pelos dedos!
Se eu ainda adormecesse ouvindo os contos do meu
[irmão
mais novo!
Se eu pressentisse ainda o embalar de um berço!

(— Isso! Isso! E tudo preso por um atilho
arrancado a umas velhas botas.
Junta-lhe um chapéu de coco e um espartilho.)

Apontamento

Seu perfil sóbrio,
imaginoso
desenhado
para uma medalha renascentista.
Usa o cabelo
desalinhado
à moda existencialista.

E fumando, fumando,
a provinciana maluquinha
sonha com Saint-Germain-des-Prés
que nem sabe o que é.

Todos os dias

Todos os dias
nascem pequeninas nuvens,
róseas umas,
aniladas outras,
nacaradas espumas...

Todos os dias
nascem rosas,
também róseas
ou cor de chá, de veludo...

Todos os dias
nascem violetas,
as eleitas
dos pobres corações...

Todos os dias
nascem risos, canções...

Todos os dias
os pássaros acordam
nos seus ninhos de lãs...

Todos os dias
nascem novos dias,
nascem novas manhãs...

Esperança

— Amigo,
dá-me a tua mão,
lá de longe,
de milhões de quilómetros,
de milhões de milénios...

Toma o meu coração
sangrando
ininterruptamente!

Através das cidades,
através das aldeias,
os rios caudalosos
carreiam, dolorosos,
restos apodrecidos.

Inúteis luas cheias
iluminam cadeias,
iluminam destroços.

— Amigo,
toma o meu coração!

Ficam-me apenas ossos.

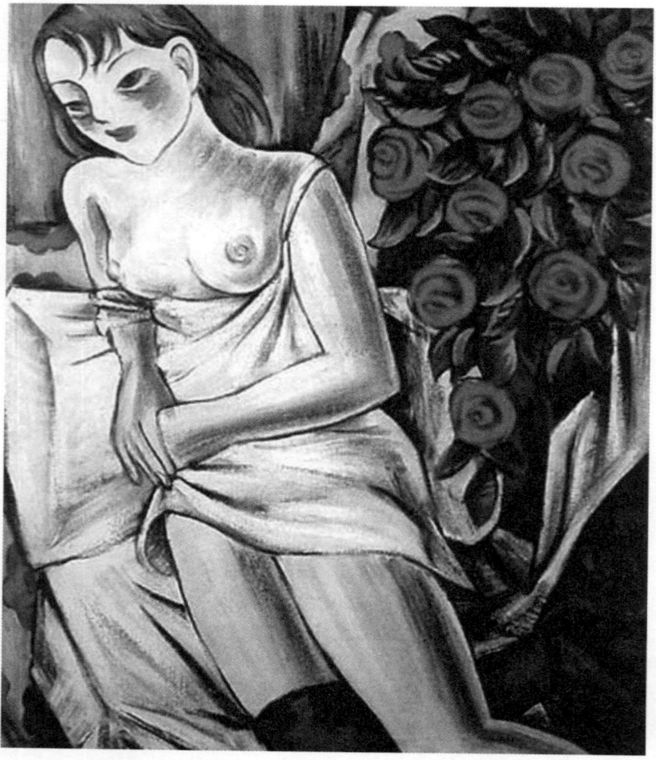

Escrever um livro, criar um filho, plantar uma árvore

Escrevi um livro.
Quantos anos a sonhá-lo,
a rascunhá-lo nas mesas dos cafés,
a escrevê-lo nos intervalos do emprego,
a vivê-lo,
a sofrê-lo,
na província, nas cidades!

Criei um filho.
Tanta alegria no meu coração!

Só ainda não plantei uma árvore.
O frágil caule como protegê-lo?
Como não deixar que os bichos
maculem as pequeninas folhas?
E como dialogar com uma árvore-menina?

Agora vai sendo tempo.
Os anos já me pesam.
Amanhã vou plantar uma árvore.

Doido varrido

O Poeta passa frio,
passa frio e passa fome.
No entanto, os dias consome
a cantar ao desafio,
ao desafio consigo,
sentado no botequim.
A conversa não tem fim,
não tem fim e não tem nome,
decorre sem alarido...
O Poeta é doido varrido,
doido varrido isso sim!

Tantas vezes que ele morre
e outras tantas ressuscita!
Mas ressuscita pior.
Como um menino travesso,
volta as coisas do avesso
para as conhecer melhor.
E às vezes, tomba no chão
porque um intenso clarão
o assombrou de repente.
No meio da multidão
fica só, indiferente.

Indiferente com todos,
quer estranhos ou amigos.
Indiferente aos perigos
leva a vida sem maus modos.
Mas por que estranho desígnio
ele tem a pretensão
de aquele intenso clarão
ser um sinal lá dos céus,
e de, no meio do assombro,
pressentir a mão de Deus
tocar-lhe, amiga, no ombro?

Mais devagar!

Acordar!
Sentir o renovo da vida!
Uma flor que explode num ramo,
uma canção perdida!

(E tudo o que eu amo
a gangrenar, a gangrenar)

— Vida, mais devagar!

Afecto

Tanto afecto disperso pelo mundo!

Um cão que não nos deixa.

Uma madeixa
de cabelo emoldurada.

O olhar fundo
de uma criança pobre.

Versos de António Nobre
guardados numa estante.

E um Poeta, sem idade,
sentado num bar,
tentando fixar
em castigados versos
um fugidio instante
de felicidade.

Flores

O sol é uma flor,
uma flor como as outras,
mas maior,
resplandecente de mil fulgores,
aquecendo as mãos
dos pedintes,
dos perdidos de amores...

E tu
és também uma flor,
uma flor como as outras,
de evanescentes cores,
debruçada
no muro que dá para a estrada
onde passam
os pedintes,
os perdidos de amores...

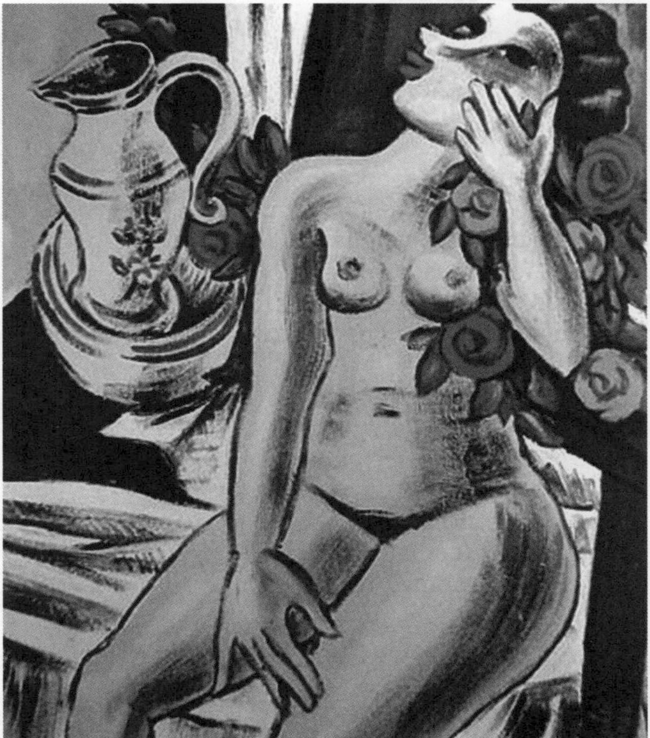

Jardim

Jardim
no outono desbotado.

Dispersas pelo chão,
as folhas são
losangos de Arlequim,
com laivos de purpurina.

Uma doirada neblina
paira no ar parado.

E a um canto,
esquecido num banco,
o chapéu entrançado
de Colombina.

Nunca mais

Passa um dia,
e outro a correr atrás dele
e outro e outro...
O tempo a todos impele,
tal o vento
levando, em doida correria,
revoadas de folhas outonais,
folhas de calendários sempre iguais,
uma a uma arrancadas,
perdidas nas estradas...

Nunca mais... Nunca mais...

O muro

Neva silenciosamente,
como uma roseira
que se desflora
prematuramente.

No fundo,
é tudo prematuro:
um sonho que se esvai
ou a neve que cai
qual máscara de entrudo.

E um horrível muro
a esconder tudo, tudo...

Transfiguração

Roubaste-me a alma
em troca do teu corpo.
Mas o teu corpo
tornou-se também alma.

E eu voltei a ter calma!

Envelhecer

É bom envelhecer!

Sentir cair o tempo,
magro fio de areia,
numa ampulheta inexistente!

Passam casais jovens
abraçados!

As árvores
balançam novos ramos!

E o fio de areia
a cair, a cair, a cair...

A alegria do poeta doente

O poeta doente
escreve versos na enfermaria.

Mesmo na dor
a sua alma é contente
se uma rima fugace
poalha de harmonia
um verso recortado...

(O que diria
quem o encontrasse
agora
a rir perdidamente?!)

Perdido no Oriente!

Tanta, tanta alegria!

Para todo o sempre

O poeta morre,
mas não cessa de escrever.

Enquanto escreve,
vive
ressuscitando fugidias horas
mudadas em auroras...

Uma pequenina flor,
pisada por quem passa,
é agora
um milagre de cor,
uma negaça
de mil desejos...

E os beijos
que nunca foram dados,
tornados tão reais...

Aquela borboleta
arrasta
infindas primaveras
no seu voo fremente...

— Uma palavra mais,
poeta!
Uma palavra quente!
Uma palavra para todo o sempre!

Gesto

Pisas a areia, delicada,
e a tua mão prende o cabelo,
e esse gesto, quase nada,
tenho receio de perdê-lo.

Ah! Se eu pudesse emaranhá-lo
na escassa malha de uma rima!
Mas já desisto... Foi-se o halo!
Sumiu-se a vaga tremulina!

Lampejo

Tocar-te?
Só, talvez,
como a aragem primaveril
roça as folhas das árvores...

Nem os dedos sequer
beijar-te...

Apenas
sentir que passas a meu lado
e que a tua presença se evola,
ténue réstia de sol
que ao longe se dilui, se estiola...

Deusa

Passas
tangendo o alaúde
da tua juventude,
repleta de graças
com que mil olhares enlaças.

Dir-se-ia
que uma estátua grega
desceu da pedra fria
e à multidão se entrega...

Luminosidade

Dentro de mim
brilhava um sol intenso,
um sol a rir,
de revérberos crus.

Nas árvores,
as folhas
vestiam-se de luz.

E um fauno de pedra,
tosco,
também ria,
e estava connosco.

Sorriso

Sorris na tarde quieta,
serena tu também.
No Café mais ninguém:
Só tu e o teu poeta

que, lá a um canto, reza
uns versos inocentes,
tornados indecentes
ante a tua pureza...

Encontro

Encontro-te
sempre na mesma rua
(a ti ou à tua sombra?),
despertando
mil quimeras
candentes,
remexendo as cinzas quentes
de outras eras.

Ora vens nua,
ora vestida.
Mas, sem ti, a rua
não existiria,
aniquilada
— como um navio morto
num esquecido porto.

Abrigo

As folhas caem uma a uma
e ficam presas no meu coração,
não só as folhas, também a espuma
do ar, das horas, da canção
nunca entoada por boca alguma,
mas acompanhada pelo violão
do vento que, afinal, tudo isso arruma
na concha fiel da tua mão.

Por toda a parte

Caminhei na sombra,
anos e anos,
na busca de encontrar-te.

Procurei-te na Vida.
Procurei-te na Arte.

E, agora,
encontro-te afinal
por toda a parte.

Caminho

Vamos,
de mãos dadas,
pisando novos trilhos.

Sangrando os pés,
passando frio e fome.

Tudo o tempo consome!

Andando,
adormecendo,
acordando,
morrendo,
ressuscitando...

Companheira

Caminho
de mãos dadas co'a tua sombra,
na manhã de domingo,
sem me desviar
das braçadas das folhas.

Só tu me olhas,
só eu distingo
a imagem que de ti compus
em mil desenhos, em mil versos,
tacteando universos
de trevas e de luz.

Ecce poeta

Eis o poeta
frente à multidão.
Frente ao tempo
irreversível e eterno.
Frente ao céu e ao inferno.

Na mão
apenas
uma palavra escrita:
a palavra do seu coração.

Sonho

A tua cara na minha
e eu a ouvir-te a falar,
como um longo ecoar,
como um fundo devir...

Como um vago sorrir
após muito ansiar...
Já basta de sonhar,
são horas de acordar!

Rosa

I

A rosa tão querida,
desprendida da haste,
reverdecida
sem desgaste dos anos!

Rainha dos enganos!

Rosa da minha vida!

II

Rosa
airosa!

Donairosa
rosa
cor-de-rosa!

Rosa dona
do meu querer,
até morrer!

Vislumbre [1979]

A tafula ribeira

— Olha a tafula ribeira!

Como ela saltita
de pedra em pedra!

O sol crepita
e os pássaros furtam-lhe beijos.

Depois
joga às escondidas
com os ramos das árvores.

E agora,
tafula,
mira-se no espelho do seu próprio corpo.

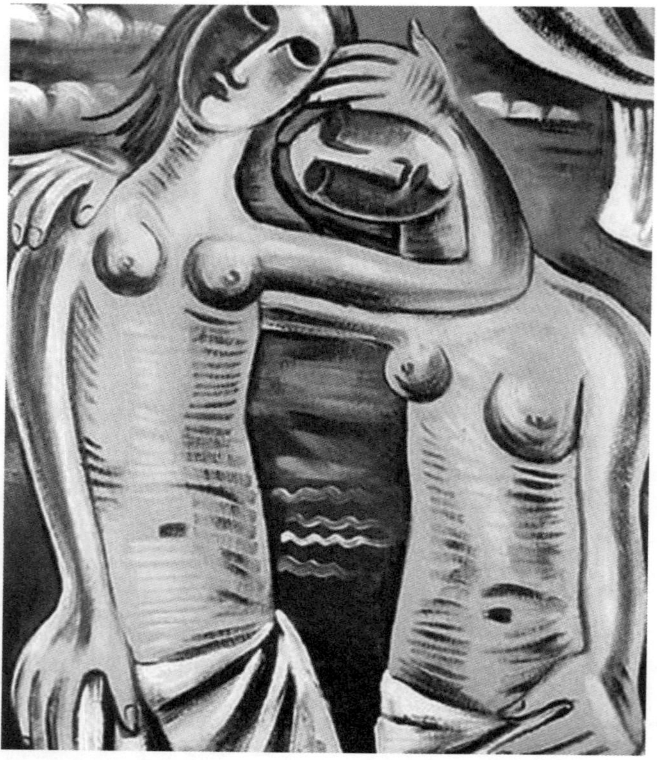

O instante

Desse instante
o longínquo rumor
ouço-o ainda.
A ténue ressonância
da melodia finda...!

Tal
se de uma ave morta
só o voo
passasse à minha porta.

Tardes inventadas

As tardes inventei-as.

Fulgurantes umas,
sonolentas outras,
quentes ou arrepiantes
e todas
geradoras de instantes
impossíveis...

Atiro um braço ao ar
e quero que ele prenda
uma estrela, um cometa,
o floco de renda
de mil Cassiopeias...

É dia e há luar...

As tardes inventei-as.

Azul

Adivinhei-te
através da verdura azul,
colhendo as flores
que iam abrir na próxima primavera.

Eu era o andarilho sem cansaço,
os bolsos cheios de tesoiros desprezados:
os seixos
que as águas modelaram durante milhões de anos,
as asas
que as borboletas entregaram aos ventos,
as sementes
que entram pelas janelas dos comboios e querem
dialogar connosco...

(Um raio de sol
acariciava a tua face
através da verdura azul!)

Ofélia

Lá vai Ofélia nua
poisada na corrente!
Pura,
quase indecente
de tanta frescura...

(Lá longe, a mancha escura
da multidão a esperá-la,
com rugidos de fera)

Lá vai a Primavera
(anjos a segurá-la)!

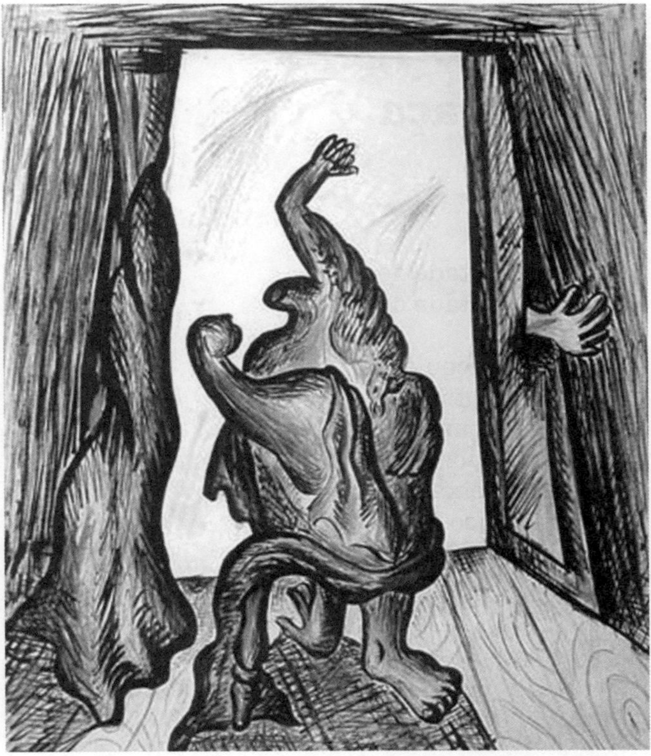

Ameaça

Que vontade de rir!
Que vontade de chorar!

O Café ficou deserto
e o mar, tão perto,
a ameaçar
entrar por ele dentro
(mas deixando, talvez,
um pouco de oxigénio
para o poeta respirar...).

Canção antiga

Que é feito das rosas que me entonteciam
pelas manhãzinhas de um azul tão puro?
Meninas travessas saltaram o muro,
caindo na estrada quando os carros iam?

E deixaram sangue (elas tão vermelhas)
sumido, num trago, na poeira antiga,
enquanto soavam restos da cantiga
das moças que agora rezam velhas, velhas?

Rosinha singela por que me esperavas
na vez derradeira que por ti passei?
Por que me tocaste? Nunca saberei...
Alastra a poeira de apagadas lavas!

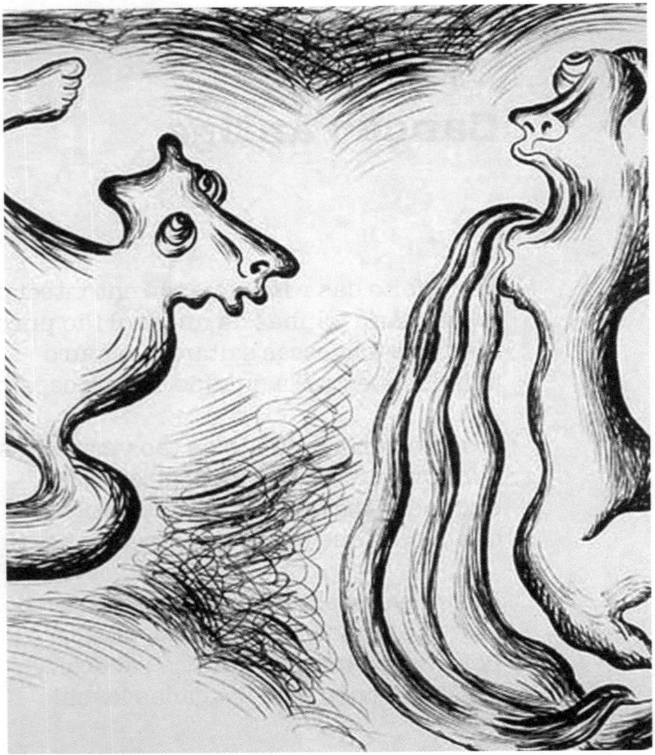

Inveja

Por que teimas em escrever?
Por que teimas em fixar instantes, horas,
manhãs, tardes, desoras,
vislumbres, reflexos?

Por que teimas em riscar
mil traços nas paredes?

(Tantas, tantas sedes,
tanto inútil clarão!)
....
Ah! Se eu fosse aquele pedinte
a comer sossegado um pedaço de pão!

Interrogação

Sim, preferi deixar-te,
abandonando
a dádiva de encontrar-te.

Quem eras afinal?
Qual a estrela que te guiava?
Qual a cor dos teus dias?
Qual o segredo que em ti eu tentei desvendar?

Abandonei-te.
No entanto,
na minha vida
talvez fosses o leite
capaz de me curar.

Nova manhã

A noite iluminou-se quando te vi.

Eu vagueava, sonâmbulo,
em busca das estrelas fosforescentes
encrustadas nas paredes das casas,
nas árvores sonolentas,
na lama dos passeios...

Os poetas, a essa hora,
dormiam
encostados aos anjos
(exceptuando alguns
que se torturavam
buscando rimas imprevistas, novos vocábulos)

Trouxeste a luz contigo.
E os galos, perplexos,
saudaram a manhã extraordinária.

Último jardim

Tardes no meu jardim
tão lúcidas, quietas,
quase inquietas,
com pequeninos sóis
em cada pétala molhada,
com sombras fugidias...
(Tal os dias
sumindo-se um a um)

E as canções
que não foram cantadas?
E as rosas decepadas
pelo simum?
E os riscos na parede?
E a sede
numa taça vazia?

E a noite que começa
fria, fria?!

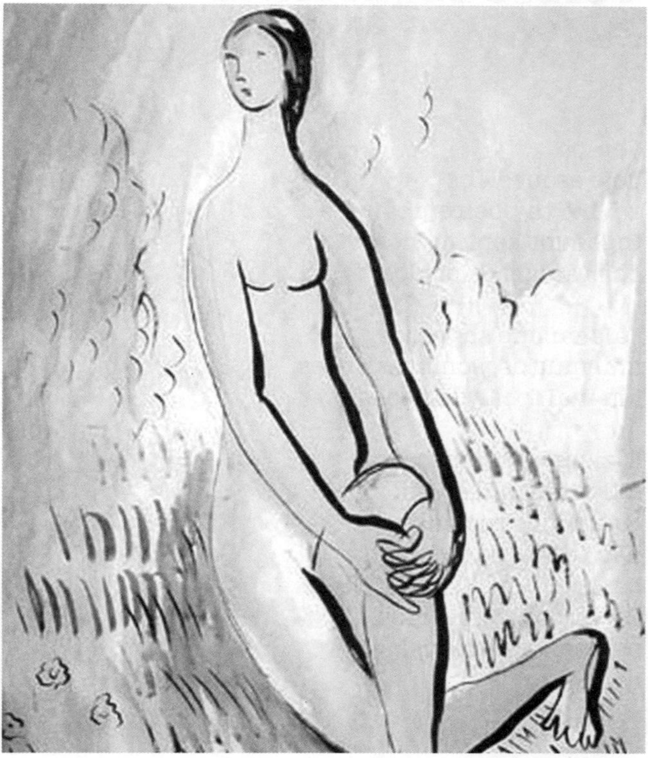

Versos esquecidos

Versos
hoje esquecidos
em livros poeirentos!
Ingénuos sentimentos
de brandos coloridos!

Falavam de segredos,
murmúrios, sombras doces,
um mal tocar de dedos!

Diziam as promessas,
mil juras, mil anseios,
os tímidos receios:
não faltes, não te esqueças!
....
Os versos esquecidos,
na poeira sumidos!

O mesmo

Trocaste-me por outro
e a vida floriu mais...
Porque o outro, afinal,
era eu,
antes que me ferissem
tantos, tantos punhais...

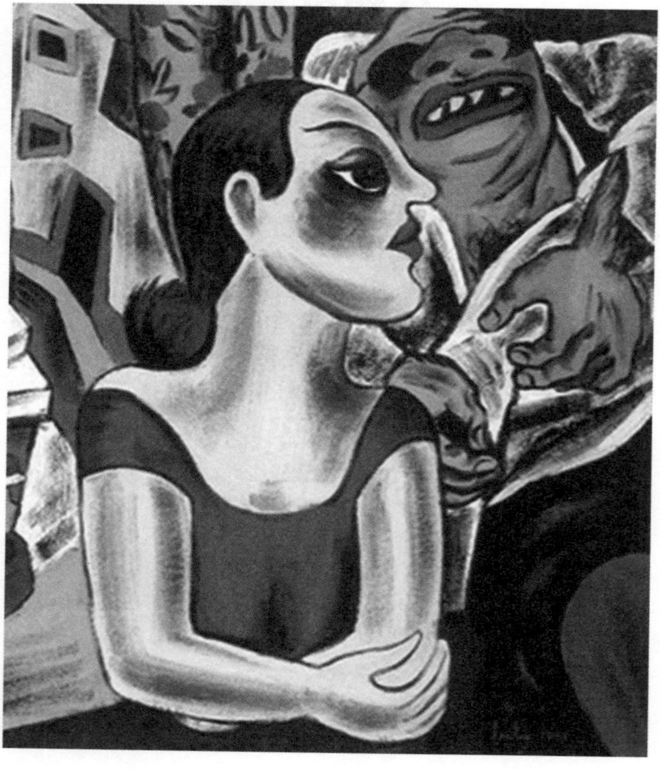

Fragrância

Essência!
Fragrância!
A hora querida
sumida na ânsia,
já quase perdida
na vaga inconstância!

Ferida querida!

Essência!
Fragrância!

O fogão

— Lua arlequim
tão longe de mim,
papagaio
com um fio sem fim,
apaga o teu clarão
para que nasça a escuridão
e, assim,
eu me entretenha
incendiando a lenha
dum antigo fogão!

A última fala do palhaço

— Deixem-me ser eu
um instante ao menos...
Ainda vale a pena!
Deixem-me vir à cena
em primeiro lugar,
a rir ou a chorar
(a mesma coisa afinal)!

Deixem-me, antes que morra,
demolir a masmorra
que eu mesmo construí
com lágrimas e sangue
e, embora exangue,
ser só eu, tal e qual!

Cores outras

O azul
já não é azul
(pelo menos para mim).

E o alecrim
também já não é verde
(já não é verde em mim).

Agora
já não sinto a aurora
carmesim...

Perfume

— Vá! Floresce, floresce
espalhando o perfume das tuas pétalas
em terras
que o sol, a custo, aquece!

É esta a sina tua!

Olha a Ofélia nua
dormindo num regato!

(Quantas Ofélias nuas,
dormindo pelas ruas,
enregelada a pele!)

Olha aquele
que levam a enterrar,
sem qualquer aparato!

Olha aquele
a chorar,
abraçado a um retrato!

Olha o vento

— Olha o vento a correr!
Olha o tempo a correr!
Olha a dor a doer!
Olha tudo a esquecer!

Olha eu a escrever!
Olha eu a querer
o que não pude ter!
Olha a mó a moer!

Olha o tempo a correr!
Olha o vento a correr!

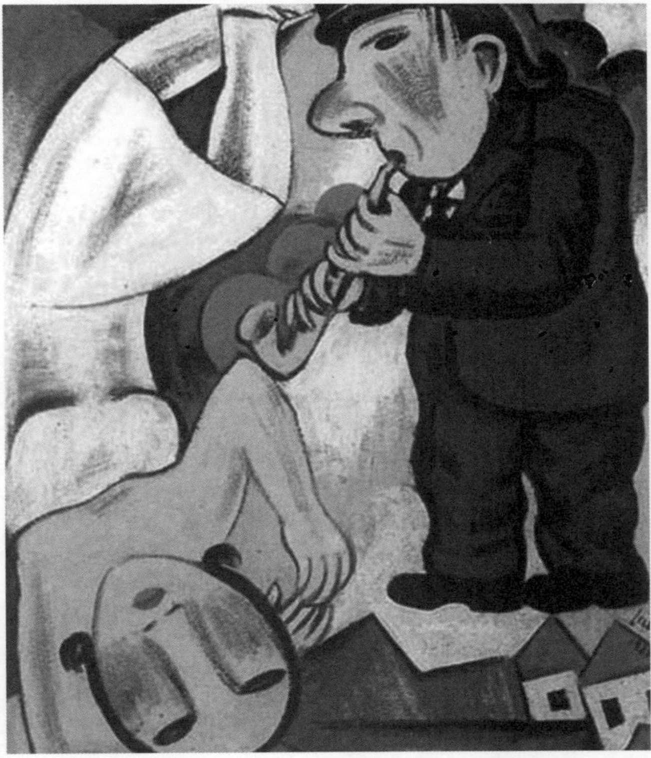

Pedido

— Bancos dos jardins públicos,
pintados em tons verdes,
deixai-me as vossas almas
quando, um dia, morrerdes!

Tanta calma vos devo!

Eu quero na minha alma agasalhá-las,
aguardando a partida
para os Longes sem Fins,
ouvindo, como outrora, a passarada
nas árvores
dos públicos jardins!

Caminhada

— Deita fora, poeta,
esses teus fatos novos!
Veste os farrapos velhos!

Vem aí a primavera
que não se compadece
com mesuras, conselhos...

Veste esses trapos gastos!

Se o teu corpo adoece,
caminha,
caminha sempre em frente,
embora só de rastos!

A cada porta

— Ri, à vontade,
bebendo vinho,
mais e mais...

Não deixes que se perca
aquilo
que os cristais
da vida te oferecem
em taças facetadas.

Engano só?

Que importa!

Bate, bate a cada porta.

Velhos versos

Rasga os teus velhos versos
e atira-os para o chão
em mil pedaços dispersos,
inúteis!

Que os levem
os ventos adversos!

(No entanto,
embora talvez fúteis,
esses versos
foram, outrora,
para o teu coração
pequenos universos)

Testamento do poeta

Dias e dias
a tentar um verso, uma rima...
(um pobre verso, uma pobre rima)

No entanto,
no coração do poeta
há música, foguetes
e bandeiras ao vento...
(como outrora, na infância, nalgum dia de festa)

Outro verso, outra rima...

E é tudo o que lhe resta
para o seu testamento!

A minha história

A quem hei-de contar
a história que inventei?

As crianças
deixaram de o ser,
nada compreenderiam.

Os bêbados
não querem ouvir histórias,
querem só contá-las.

As prostitutas
não podem perder tempo.
Arrependidas
desfiam agora rosários e rosários
....
— Quem quer ouvir a história que inventei?

Harmónio

Aquelas flores
que ambos colhemos
leva-as embora,
já não as quero.
Hoje só quero
ouvir o harmónio
desengonçado,
desconsolado...

Lá fora, as nuvens
passam correndo,
verdes, azuis,
de várias cores.
Os meus amores
já feneceram.
Quero o demónio
do meu harmónio.

A palavra

Só conheço, talvez, uma palavra.

Só quero dizer uma palavra.

A vida inteira para dizer uma palavra!

Felizes os que chegam a dizer uma palavra!

UMA FORTUNA CRÍTICA
DISCURSO LÍRICO E CRÍTICO OU DA UNIDADE NO ARTISTA[1]

Adolfo Casais Monteiro

Quando Baudelaire terminou o soneto célebre, dizendo do poeta que: "Exilé sur le sol au milieu des huées / Ses ailes de géant l'empêchent de marcher", pensou, sem dúvida, ter expresso um dos dramas, ou talvez mesmo o drama fundamental do artista. Pelo menos julgamos nós que ele assim tenha pensado. Na Terra, o artista – Baudelaire fala do poeta e não o traio ousando estender até ao artista em geral o que do poeta ele exprimiu – será então um exilado? Mas um exilado – por quê? Por que a sua grandeza não é à medida das pequenezas da Terra? Por que a sua alma é de eleição? E por que os homens odeiam as almas de eleição? Então o artista terá o seu mundo, e não poderá viver neste senão diminuindo-se, senão como um exilado?

Importava-me chegar a esta conclusão precisa e nítida, porque a minha aspiração é afirmar o contrário neste discurso.

Nos próprios termos de que se serve, Baudelaire manifesta a ideia de que o artista vem de outra parte; *exilé*, diz ele. Anjo decaído ou o que se possa entender, resta de positiva a ideia de que este não é o mundo do artista, de que ele não é verdadeiramente de cá, e que só por um compromisso ele vive, e se exprime aqui. A saudade é a sua voz. A beleza do seu canto, um eco empobrecido desse lá. Estamos afinal ante a milenária ideia já expressa por Platão, imortalizada no Mito da Caverna: as essências, a nossa realidade como cópia das essências, e das quais aquela é apenas a sombra empalidecida. E não poderemos associar ao mito

---

[1] Texto constante da edição de *Álbum Domingo*, desenhos de Julio reproduzidos em ozalid. *Presença*. Coimbra, 1934.

platónico à ideia, tão popularizada, de que o artista é dois? Uma parte sublime, outra terrena, aquela perfeita imagem do divino, esta carregando com todas as imperfeições do homem – a humana, demasiado humana...? E como esquecer a capital distinção cartesiana entre uma alma com todas as prerrogativas, e um pobre corpo mecânico, mísero escravo que não tem outra desculpa que a de ser um necessário intérprete?

E os três princípios (ou ideias) que podemos justapor, quase (tiremos até o quase), reduzir, sintetizando: todos eles significam, ainda que sob pontos de vista diversos, que o homem não é inteiro: ou porque a sua alma não seja senão imagem de uma essência perfeita, ou porque a alma seja distinta do corpo e o dispense, estamos ante atitudes dualistas. Dualismo: eis o fantasma a combater.

Que se veja no artista ou um exilado, ou um ser superior quando cria e inferior quando vive, ou uma alma com asas encafuadas num corpo que é lodo – sempre se vê nele um ser duplo, uma simbiose, como que duas metades díspares e mal soldadas uma à outra.

Ora, que é um artista? Um intérprete. Intérprete de quê? De si e do mundo. Sem o mundo, o artista não existe. Ele é aquele que organiza a realidade por meio de si próprio; não um espelho que a reflicta, mas um criador para quem ela é o barro por amassar – mas tendo ele, antes, sido para ele também esse barro virgem.

Perguntais o que é essa realidade de que falo? Real é tudo aquilo que existe para o homem: desde o que ele é como ser que se conhece, passando pelo que lhe entra pelos olhos, pelos ouvidos, por todos os sentidos, até ao que ele imagina, supõe, arquitecta – pois também o sonho faz parte da realidade. Realidade é, pois, tudo o que com o homem está relacionado, e eis porque vem a ser para mim reais aquelas coisas que é costume dizer ideais – por ser uso pensar que elas estão na ideia, ou existem como ideia. Tal abstracção não me interessa. E insisto: real é o que existe para o homem.

Ora, quando na confusão humana se destaca um artista, não é um deus que desce à Terra: é um homem que dela se ergue. As visões de céus que um homem cante, que um pintor exprima em cores, linhas e volumes, não são o reflexo de um qualquer além; são, sim, a superação do que vêem os olhos só atentos ao quotidiano. No artista que resume o seu campo de interesse à descrição do quotidiano mais vazio de imprevisível, àquele que só habita os mundos do sonho, aos criadores de imprevisível, a distância nem tão grande é: ou é mais a realidade de fora, ou mais a realidade de dentro que cada um vive e exprime; mas em ambos é idêntica a força que se ergue até nós, que em nós se repercute, e nos emociona – essa força que é a arte em cada um deles.

E em arte, esse poder de criar, não é o dom de qualquer deus, não é a emanação de qualquer essência ultraterrena: é a vida manifestando-se em cume, a vida volatizando-se em beleza. Mas, se o artista interpreta a vida, não direi que essa interpretação é um comentário: ele interpreta-a, criando. Quando se diz: fulano descreve maravilhosamente a paisagem, erra-se: porque o artista não descreve, cria, pois descrever a paisagem seria explicá-la com os seus elementos dela, e o artista cria-a por meio e com a sua visão dele. O que lhe importa é pôr o seu sinal sobre as coisas: cada artista é deus dando o nome às coisas.

Mas nada que o artista faça, o faz senão como homem. A interpretação dualista levar-nos-ia à conclusão de que ele, noutro lugar que não esta Terra onde existe, seria, como artista, o mesmo. E quem ousará pretendê-lo? Os caminhos do mundo, os seus espinhos como as suas rosas, vão levando o artista de descoberta em descoberta, de conquista em conquista. Ele não paira, sereno, sobre as terras e as águas, mas anda enrodilhado em todas as suas correntes, penetra em todas as suas camadas, erra, dispersa-se, confunde-se, para depois se erguer a cantar em todos os tons, porque o mundo é suficientemente diverso para que sobre sempre um recanto virgem, uma comoção ainda não cantada.

Não há céu que pela arte não seja humano; não há tampouco inferno que por ela não o seja também. Não há miséria, desespero, aniquilamento que por ela não sejam belos. E não é que a arte seja um véu a encobrir o "como as coisas são". A tragédia é tragédia sempre; mas o que acontecendo é um caso singular, é pela arte integrando numa harmonia que não sabemos o que seja, mas que sabemos, pelo menos, ser a harmonia do que, de anedota foi transferido à realidade universal. Sim, a arte é integração das unidades no ritmo uno da vida criando-se. É o brilho que fica dos sóis que se apagam, é como que a consciência, numa memória comum, do que morreu para as memórias individuais.

Diante do mundo, o artista não é o justiceiro que o verbera, nem a vítima carpindo-se: é o irmão de todos os seres e de todos os actos, de todos os momentos e de todas as eternidades. É o próprio mundo, é a voz transfigurada dum total que não existe em parcelas!

MUITO SE TEM FALADO EM POESIA[2]

José Régio

Muito se tem falado em poesia, a propósito dos desenhos e pinturas de Julio. De facto, são criações de um poeta. Sucede, porém, que certas coisas demasiado repetidas acabam por já nem ter sentido; ou por falsear a verdade, ofuscando os seus aspectos diversos.

---

[2] Texto integrante do Catálogo da Exposição Julio – 5ª exposição. Galeria Buchholz. Lisboa, de 24 de outubro a 24 de novembro de 1944.

O caso é que nunca um artista plástico pode bem revelar-se poeta senão por um triunfo da sua arte de plástico. A poesia dos desenhos de Julio é incontestável. Mas é preciso não esquecer, ao repeti-lo, que pelo desenho se exprime essa poesia, e que é o desenhista que nos revela o poeta. Se muitos desses desenhos atingem uma depuração extrema, reduzindo-se, por assim dizer, a linhas-forças, certo é que a intimidade do poeta se nos não comunica senão por uma observação e representação de realidade exterior. A subtileza e, ao mesmo tempo, candura de tal observação (que de modo nenhum quaisquer deformações da representação desmentem) só rivaliza com a simplicidade como espontânea, todavia requintada e consciente, da expressão atingida.

A par do poeta amorável dos mais desses desenhos, um poeta satírico, e até um comentador cruel, se revela noutros. Outra é, então, a maneira do desenhista; ou outra é geralmente: já as linhas se entrecruzam, acumulam e reforçam em vez de se reduzirem a um mínimo essencial; ou já o artista como que rudemente esboça os seus tipos a pinceladas de nanquim, sem que, porém, nada lhes falte para que a caracterização seja poderosa. Da delicada mas vibrante caligrafia de certos desenhos particularmente subtis, não hesita Julio em passar ao empastamento ou quase brutalidade de outros.

Quer dizer o que aí fica dito que várias são as maneiras do desenhista; como do terno sentimentalismo neo-romântico do pessimismo à sátira, ou ao capricho roçando pelo grotesco e o trágico, várias são as posições do poeta. Suponho que só uma exposição muito completa das suas centenas de desenhos poderia documentar ao vivo a riqueza e originalidade do temperamento artístico de Julio. Mas ao fino observador – que é o amador atento, inteligente e sensível – até uma exposição parcial poderá dar a pressentir o mesmo.

SAÚL DIAS, POETA DA DELICADEZA E DA TERNURA[3]

António Ramos Rosa

Saúl Dias pertence àquela linhagem de poetas de que fazem parte um Bernardim, um Bernardes, um Gonzaga ou um João de Deus, para citar tão-só aqueles que menciona Vergílio Ferreira no estudo que dedicou ao autor de *Sangue* – quer dizer, alguns dos que pertencem a um dos veios mais constantes do lirismo português.

...*mais e mais*... (1932), *Tanto* (1934), *Sangue* (1952), *Gérmen* (1960) – eis toda a obra poética de Saúl Dias escrita no espaço de vinte e sete anos, agora reunida no volume 4 da colecção *Poetas de hoje*. Reparemos nos títulos ...*mais e mais*..., *Tanto*, *Ainda*, que se vão sucedendo num sentido decrescente, que *Sangue*, injustificadamente, vai trair, como já notaram João Gaspar Simões e Vergílio Ferreira. Este decrescendo da intensidade dos títulos acompanha efectivamente a dramática curva descencional da sua poesia que só nos primeiros poemas atinge certo ímpeto vital ou fogosidade, no rastro do delírio imagético sá-carneiriano, cedendo logo a impulsividade e o tumulto visionário à amenidade e fragância da rememoração idealizada de uma visão, toda ela, depurada de qualquer elemento vital mais perturbador, mais ligado à conturbação dos sentidos. Um certo maniqueísmo ingénuo, mais visível num ou noutro poema, parece ser a expressão ideológica deste retraimento perante o mundo.

No poema III de ...*mais e mais*... em que, aparentemente, o poeta se conforma com a degradação do sonho, chega a fixar irreversivelmente a sordidez do real: "Que outro remédio senão conformar-me? / O que eu julgava venulado mármore / sai-me barro podre disfarçado". Porém a vocação lírica de Saúl Dias

---

[3] In *A poesia moderna e a interrogação do real*. Lisboa: Arcádia, 1962.

não aceita esta aparente irreversibilidade da degradação. Dir-se-ia, até, que só a partir da repulsa pela fealdade do real o poeta de *Tanto* vai erguer o seu edifício lírico, a idealização do real pela recordação e o distanciamento interior. Seja como for, parece certo que o abrandamento do seu dramatismo inicial corresponde a uma refracção ambivalente, a um certo ascetismo estético pelo qual o poeta se salva do real grotesco e desfigurado, ao mesmo tempo que salva a realidade por meio daqueles instantes e imagens que, na sua fugacidade e transparência, reúnem limpidamente o passado e o presente. Na admirável parte final de um seu poema de *...mais e mais...*, sobre a verificação deste real degenerado sente-se já a expectativa de uma transcendência transfiguradora, a verdadeira metamorfose que, por um distanciamento depurador, o poeta vai operar doravante na sua visão do real: "[...] A manhã ridente, perfumada e azul / volveu-se em tarde fria; / soprou irado, o temporal do sul; // e a airosa povoação que vivos verdes / ornavam, ruiu. Ao puro sucedeu / imundo lixo. Por que te perdes, / seu olhar buscando as casas cor de céu?"

A "manhã ridente" volveu-se "tarde fria", mas a "tarde fria" vai, por seu turno tornar-se "tarde distante", "tarde morna", "tarde linda", "tarde azul", "tarde longa" etc. A frase final deste poema ("Por que te perdes, / seu olhar buscando as casas cor de céu?") parece constituir o momento de transição entre a saturação e o esgotamento da mundividência, da degradação do real e a tentativa de salvação transfiguradora da visão lírica e saudosa.

Sintetizando: a poesia de Saúl Dias fundamenta-se inicialmente num pecado da degradação (a realidade trai todo o sonho e toda a pureza); seguidamente, o poeta empreende a redenção integral, voltando-se, sobretudo, para o passado, para a infância, para tudo o que não pôde degradar-se, já que o próprio distanciamento do tempo lhe deu a dimensão suplementar que o real perdera na sua degradação. O minuto que recorda já não é "esse minuto vermelho / como o zarcão duma telha / berrando no muro velho!"; mais distanciado, menos tumultuoso, será agora "tarde distante" ou "copo de água na minha lembrança" ou um "eu não quero esquecer os dias que viveram" ou qualquer imagem graciosa e frágil como esta: "Jeito de ave / e criança / suave / como a dança / do ramo de árvore / que o vento beija e balança" (*Sangue*).

"Tarde" é a palavra-chave mais frequente na poesia de Saúl Dias, sendo raro o poema em que não a encontramos. Não surpreende isso num poeta da memória e do distanciamento interior, a quem a tarde será sempre mais propícia ao recolhimento do que à exaltação matinal. Todavia, o valor evocativo e simbólico da palavra "tarde" ultrapassa o desta simples correlação, porque ela própria é já por si expressiva desse afastamento íntimo, da visão suspensa ou distanciada no tempo, como logo no primeiro poema de *Ainda*, onde de certo há matéria para justificar a expressão de "saudosismo antecipado do presente" proposta por Guilherme de Castilho: "O tempo / – esse doido que nos foge / há-de um dia / dourar / em arabescos azuis de alegoria / as nossas horas de hoje! [...] E a tarde / entrançará os teus cabelos / e neles prenderá em verdes elos / as rosas desmaiadas. / E serás num domingo toda calma / como se foras nada mais que a alma / das horas relembradas!..."

Este distanciamento permanente que há na obra de Saúl Dias não é apenas temporal, mas também espacial. Dois belos exemplos de um e outro: "Calma / tarde de domingo / na minha terra, lá longe!; Um velho relógio / deu agora horas / horas cansadas, horas de há muito tempo".

A sonolência e o mormaço das terras da província é, na transposição lírica de Saúl Dias, outra forma de distanciamento, mas está no coração do próprio presente, como neste exemplo magnífico de um poema magnífico também: "Na tarde morna / uma ave esvoaça / e vai cair, / ferida, / em plena praça... / O relógio entorna / as horas do entardecer".

No que há de mais fugidio e efémero, no próprio quotidiano, vai Saúl Dias encontrar aquela eternidade estética e poética do real, que o reconcilia agora profundamente com a vida:

> – Uma esmola para um poeta! / Não de pão. Não de dinheiro. / Apenas, por exemplo, que uma nuvem cor-de-rosa / flutue no jardim, / contrastando com o cabelo daquela rapariga / loira / que há pouco me sorriu. // Ou então, que essa criança / deixe fugir a bola, / e atravesse a correr, afogueada do calor de verão, / a rua amarela do pequeno jardim! // Ou que, à noitinha, percorrendo uma rua deserta, / ouça, vindas de um prédio de janelas cerradas, / as horas vagarosas de um antigo relógio.

Que profunda ressonância desperta esta estrofe final! Não são apenas dos mais belos versos de Saúl Dias, mas de toda a nossa poesia. Na impossibilidade de citar todas as maravilhas da obra poética de Saúl Dias, quero, ao menos, enumerar os pontos mais altos a que ela ascendeu e que são também verdadeiros cumes da poesia portuguesa de hoje e de sempre: "Na tarde morna", "Jeito de ave", "Uma esmola para um poeta" (poema citado acima), "Na tarde longa", "Árvores, amigas árvores do parque silencioso", "Noémia", "Três sonetos" e o soneto "Enquanto o filho dorme", o qual o consagraria só por si como um grande poeta da ternura. A escolha pode parecer severa, mas com menos, com bastante menos, outros conquistaram para sempre um nome na Literatura.

SAÚL DIAS: O SILÊNCIO E O ABSOLUTO[4]

David Mourão-Ferreira

Observei uma vez – há mais de quinze anos – que a obra de Saúl Dias nos convida "a uma forma de 'leitura' a que, geralmente, a poesia portuguesa não nos tem habituado muito: a 'leitura' do silêncio – dos silêncios entre as estrofes, entre os versos, no interior de cada verso". Poderia ter então acrescentado que ainda à "leitura" de outra modalidade de "silêncio" que ela igualmente nos acostumara: a do próprio silêncio que se interpunha, cronologicamente, na publicação de uma para outra das suas recolhas poéticas.

1932, 1934, 1938, 1952, 1962, 1973, 1980: estes são, ao longo de quase cinco décadas, os milésimos assinalados pelo aparecimento de cada um dos seus livros. Os anos áureos se não de "colheita" ou de "produção", ao menos em termos de público lançamento – para íntimo "consumo" dos seus escolhidos e fiéis leitores – de quanto nos intervalos se fora decantando; e, da descontínua sucessão desses mesmos milésimos – os três primeiros bem mais espaçados –, poderemos sem dúvida retirar algumas curiosas ilações.

Repare-se, por exemplo, que os três primeiros livros se concentram todos na década de trinta; que os quatro restantes, pelo contrário, obedecem à cadência de apenas um nos consecutivos anos cinquenta, sessenta, setenta e oitenta; e que, enfim, só num decénio – o de quarenta – não se assiste ao surgimento de qualquer colectânea sua. Devo acrescentar que este último pormenor me surpreendeu particularmente quando, há cerca de um ano,

---

[4] Texto lido em 7 de julho de 1983, na Galeria de S. Mamede, por ocasião do lançamento do álbum de Julio, *30 desenhos da Série Poeta*. Imprensa Nacional/ Casa da Moeda, 1983.

intentei uma "arrumação" da produção poética do referido decénio e me dei conta, sem que então, aliás, o tivesse referido, que Saúl Dias era o único, entre todos os presencistas ou afins, com quem tal facto acontecia, enquanto, em contrapartida, desde José Régio a Adolfo Casais Monteiro, e passando por Fausto José, António de Navarro, Alberto de Serpa, Francisco Bugalho ou Carlos Queiroz, nem um só dos poetas verdadeiramente "emblemáticos" da presença deixara afinal de lançar novos volumes de versos no decurso dessa década que tão fortemente contestaria os pressupostos e as realizações daquele mesmo movimento.

Este "silêncio" de Saúl Dias, não podendo de modo algum ser interpretado como gesto de prudência ou desistência, deverá antes ser "lido", no conjunto da sua obra, como um acto conscientemente assumido de episódica "travessia do deserto" – realizada com o fim de mais se aprofundar que se preservar e de menos temer ser contestado que procurar um segundo fôlego para prosseguir o seu rumo próprio. Aliás, dentro do grupo mais aguerrido da geração que emerge nesses anos quarenta – o dos neo-realistas –, bastariam os nomes e as obras de um Manuel da Fonseca e de um Álvaro Feijó, de um João José Cochofel e de um Carlos de Oliveira para compreendermos como foi, logo então, a presença desse único presencista na altura "silencioso" a mais determinante em termos de afinidade ou até de influência. Já no que respeita ao fascínio exercido por uma linguagem magistralmente depurada, já no que reporta à persistência de certos temas – nomeadamente os de atmosfera provincial –, já no que tange, enfim, à lírica valorização do instante, à apreensão e expressão do efémero, à dialéctica do contingente e do imponderável.

Por outro lado, se a aludida concentração dos três primeiros livros de Saúl Dias num período já de si delimitado dos anos trinta – entre 1932 e 1938 – corresponde, simultaneamente, à uma fase de procura e à própria euforia do movimento poético em que a sua obra se integra, à sucessão dos respectivos títulos – ...*mais e mais*..., *Tanto, Ainda* – logo lhe serve também, como já noutro lugar apontei, "para ironicamente exprimir, em termos de 'quantidade' ou de tempo, um como que espanto pelo fluxo da própria produção poética" – e o mesmo é que dizer uma já apetência de "silêncio", um já desejo de mais longos intervalos no ritmo da publicação. Apetência e desejo que logo a seguir, com efeito, virão a ser exemplarmente postos em prática, tanto por meio da longa "travessia do deserto", que não só engloba todo o decénio de quarenta, mas ainda mais dois anos aquém e outros dois além dele, como por meio da cadência de um único volume por decénio que, doravante, imprimirá ao seu mencionado ritmo de publicação.

Quanto a isto, pode agora talvez sublinhar-se que Saúl Dias, continuando a ser ele próprio, não terá deixado de verificar que com ele afinal se identificam, na exigência de despojamento e na busca do rigor, mercê porventura dos "silêncios" que se impusera, muitos e muitos representantes das novas correntes poéticas que entretanto iam surgindo.

Sob este aspecto, o seu caso é diametralmente oposto, por exemplo, ao de um poeta como Afonso Duarte que, na geração anterior, e de modo aliás pessoal, se fora antes "adaptando", por meio de consecutivas metamorfoses, a sucessivas correntes suas contemporâneas.

Sobretudo, o que pretende sugerir é que inalteravelmente se manifestou em Saúl Dias uma coerência intrínseca entre o papel que o "silêncio" desempenhava em cada um dos seus livros, em cada um dos seus poemas, em cada um dos seus versos, e essa diferente modalidade de "silêncio" – de silêncio tão-só pontuado por fugazes aparições – que acabou por presidir à sua cadência de publicação.

Se condescendêssemos em ser pedantes, poderíamos acaso falar da coerência entre o pendor para um microssilêncio e o pendor para o macrossilêncio. Mais indispensável se me afigura, no entanto, outra ordem de observações: as que tenham a ver, nomeadamente, com a expressão dessa mesma obsessão do "silêncio" nos próprios versos de Saúl Dias. Acrescentarei já que em diferentes níveis de significação ela se nos entremostra; e precisarei, ainda antes, que mais rigorosamente se trata, em muitos casos, não tanto da obsessão ou da nostalgia de um completo "silêncio" como da perseguição de um "quase silêncio". É logo isto mesmo o que nos inculcam a habitual brevidade dos seus textos, o reduzido volume das suas colectâneas, até à circunstância de só de longe em longe as ter ido publicando.

De qualquer modo, apenas por meio das palavras o poeta pode comunicar a sua própria aspiração ao silêncio: esta a sua miséria, esta a sua grandeza. Daí que Saúl Dias, num poema do livro *Sangue* – que o seu melhor crítico, Guilherme de Castilho, com toda a justeza considerou uma verdadeira "arte poética" –, tenha expressado, numa espécie de compromisso, o desejo de que cada um dos seus textos se reduza a "duas palavras apenas". Daí que, posteriormente, no poema que encerra a última edição da sua *Obra poética* – poema intitulado "A palavra" – Saúl Dias tenha ido ainda mais longe, ou mais se tenha aproximado dos confins do silêncio, ao dizer o seguinte: "Só conheço, talvez, uma palavra / Só quero dizer uma palavra / A vida inteira para dizer uma palavra! / Felizes os que chegam a dizer uma palavra!"

O recorte dubitativo do primeiro verso, a carga volitiva do segundo, o desânimo e a frustração que do terceiro e do quarto elipticamente se desprendem, tudo isto acrescido pela utilização da epífora – a repetição, no final de cada verso, da mesma palavra, e qual é, aliás, a palavra "palavra" –, tudo isto, repito, e ainda o próprio lugar terminal que o poema ocupa no conjunto da sua obra editada em vida – eis o que perturbantemente subentende a rasura, e com efeito retroactivo, de tudo quanto escreveu, já que tudo quanto escreveu não terá conseguido consistir, afinal, na enunciação da tal palavra. Eis, então, na perspectiva de Saúl Dias, o Silêncio finalmente atingido. Perspectiva errada. Perspectiva trágica. Perspectiva que não decorre, de toda a maneira, da inserção retórica de qualquer consabido tópico de modéstia, mas antes da avassaladora manifestação de um desejo de Absoluto. E este Absoluto, que Saúl Dias incansavelmente perseguiu, era, em suma, um Absoluto de despojamento, de dádiva, de nudez – realidades que com o mesmo silêncio se confundem ou que dele acabam por ser sinónimas. A tal respeito mostra-se impressionante, nos seus poemas, o número daqueles em que se trata de perder, arremessar ou deixar pelo caminho quanto se lhe afigura como acessório. Mas o retrato final que nos fica do próprio poeta acaba por ser não o desânimo do seu poema "A palavra", mas sim o deste trecho da sua penúltima recolha, justamente intitulado "*Ecce* poeta": "Eis o Poeta / frente à multidão, / Frente ao Tempo / irreversível e eterno / Frente ao Céu e ao Inferno // Na mão / apenas / uma palavra escrita: / a palavra do seu coração".

PINTURA E POESIA NA MESMA PESSOA[5]

Luís Adriano Carlos

No século XX, Portugal conhece o engenheiro civil Júlio Maria dos Reis Pereira (Vila do Conde, 1902-1983) pelo ortónimo Julio, sem acento, e pelo pseudónimo Saúl Dias, com acento, assinaturas que identificam, respectivamente, o trabalho artístico e a produção poética de uma personalidade cuja discrição, agravada durante décadas pela sombra maciça do

---

[5] Introdução à 3ª edição da *Obra poética* de Saúl Dias. Porto: Editora Campo das Letras, 2001.

irmão José Régio, não pode continuar a iludir o seu papel pioneiro e solitário na interpretação prática do processo modernista pelo movimento da Presença (1927-1940). Júlio dos Reis Pereira é o pintor poeta Julio, o pintor poeta Julio/Saúl Dias, mas também o poeta pintor Saúl Dias. Os versos dos sete livros da sua *Obra poética*, já em terceira edição, permitem redescobrir o artista da palavra e o fundador de uma forma peculiar de "literatura viva", originalíssima no seu autopictorialismo lírico sem tradição nas nossas letras, e precursora, ainda que nunca como tal reconhecida, de uma sensibilidade concisa e metafórica com profusa germinação a partir dos anos 1940, de Eugénio de Andrade a António Ramos Rosa, de Albano Martins aos chamados "poetas do rigor". Caso singular no seio do presencismo, e mesmo no do processo modernista, Saúl Dias é reduzido muitas vezes à mera anomalia residual por quem lê a poesia da época ao som dos derramamentos discursivos e oratórios de José Régio, Alberto de Serpa ou Adolfo Casais Monteiro. Entretanto, a importância da sua obra deve ser avaliada em função dos caminhos que abriu para si própria, lá onde reinava a palavra de ordem inconformista do "Cântico negro", e da fecundidade expressiva que a lição da sua poética provocou na história das formas literárias do século XX.

Julio iniciou a sua actividade artística em 1923, depois de ter frequentado como aluno voluntário, entre 1919 e 1921, a Escola de Belas-Artes do Porto. Quando se estreou no Primeiro Salão dos Independentes, em 1930, as técnicas, os motivos e os temas da sua arte já tinham atingido uma estabilidade iniludível. Julio foi pioneiro em Portugal na recriação dos grandes modelos modernistas que corriam pela Europa desde o princípio do século e que viam amadurecer as suas possibilidades expressivas com o desenlace da Primeira Grande Guerra: o Pós-Impressionismo, o Fauvismo, o Expressionismo alemão e o onirismo chagalliano, evidentes nos seus trabalhos de meados da década de

1920 que precederam a formação do movimento da *Presença*⁶. A sua estética compósita refundia as superfícies intensamente coloridas e o contorno espontâneo e impreciso de Matisse, as justaposições cubistas de Picasso, o onirismo flutuante e a associação livre de Chagall, desafiando as leis da gravidade e irradiando um efeito generalizado de leveza ingénua e coloquial, a delicadeza subtil e a captação instantânea do búlgaro Jules Pascin, mestre da figuração feminina⁷, o traço caricatural e grotesco de Grosz, enfim, as pinceladas nervosas, o dramatismo das formas, a estridência das cores, o primitivismo emocional, melancólico ou satírico dos expressionistas. O seu famoso onirismo lírico, estruturado pela combinatória de uma poética da ingenuidade não raro evasiva e de um inescapável pendor para a crítica social antiburguesa, arrastava toda uma colecção de motivos proliferantes na pintura modernista da época, e sobretudo nas obras de Matisse, Picasso, Chagall, Grosz, Rouault e Pascin, que o artista submetia a um tipo de composição dualista com poderosos efeitos dramáticos: de um lado, o burguês capitalista, pançudo e grotesco, símbolo da grande cidade corrupta e devassa; do outro, a menina pura ou já corrompida, levitando entre flores idílicas ou definhando nos cafés e nos prostíbulos, sempre rodeada de figuras sonhadoras, jovens ou velhos poetas, músicos, comediantes, saltimbancos, palhaços, acrobatas,

---

⁶ Em 1930, José Régio, no artigo "divagação à roda do Primeiro Salão dos Independentes", apontava Chagall, Grosz e o Expressionismo alemão entre as influências e relações de parentesco de Julio (*Presença*, nº 27, Coimbra, jun./jul. de 1930, p. 8). Estas relações são identificadas pela generalidade dos críticos e historiadores da arte portuguesa. Rui Mário Gonçalves, em texto recente, refere-se ao "expressionismo onírico que [Julio] isoladamente iniciou entre nós a partir de 1923" ('Pinturas de Julio' — *Jornal de Letras, Artes e Ideias*, Lisboa, 12 jun. 2000, p. 26).

⁷ Este pintor homónimo de Julio, também conhecido por Julius Pincas, expressionista da Escola de Paris desaparecido em 1930, é mencionado por Saúl Dias no poema "Nesse tempo", de *Gérmen*: "E numa tarde / em Paris / ajoelhei, em plena rua, / diante dum quadro de Pascin..."

vagabundos e mendigos. Os quadros *Sinfonia da Tarde* (1924), *Comediantes* (1928), *Nocturno* (1928 e 1929), *Músico* (1930), *A Família do Saltimbanco* (1931), *O Circo* (1931) e *Circo* (1934), o álbum *Música* (1931) e as séries de desenhos "Poeta", "Nocturno" e "Circo", entre muitas outras peças de igual significado, representam condensações temáticas deste universo de motivos em permanente rotação.

O expressionismo de Julio tem raízes exógenas e desenvolvimentos pessoais que lhe conferem um estatuto de independência e de influência em relação ao ideário presencista, concebido em 1927 por José Régio. Mais enredado numa linha romântica ainda pré-modernista, Régio privilegiava, logo no primeiro número da *Presença*, no manifesto "Literatura Viva", a expressão vitalista da individualidade psíquica do artista, em detrimento do problema estético da linguagem enquanto lugar de irrupção de uma interioridade radical. O vitalismo regiano, não isento de uma moral da representação, que iria caracterizar a doutrina e a prática literária dos autores da *Presença*, apesar do reequilíbrio expressionista ensaiado *a posteriori*, no ensaio "Em torno da Expressão Artística" (1940)[8], encontra na linguagem de Julio a sua maior amplitude vibratória, quando a interioridade se anima em formas de luz que dão cor e corpo interior à própria exterioridade formal.

A consciência modernista do pintor, desde os primórdios da sua criação, sem prejuízo das atracções românticas e pré-rafaelitas que a modulam a par e passo, salvaguarda fundamentalmente a autonomia estética das formas visíveis, ou a existência estética de uma visibilidade do invisível, e sobrepõe à "expressão vital"

---

[8] Veja-se, a este respeito, Américo Oliveira Santos, Em torno da poética regiana, e Luís Adriano Carlos, O Classicismo Modernista de José Régio, *Revista da Faculdade de Letras*: Línguas e Literaturas, XIII, Porto, 1991, pp. 79-101 e 103-134. *In* AA. VV. *Ensaios críticos sobre José Régio*. Porto: Edições ASA, 1994.

uma "expressão artística" que não receia constituir-se em sistema particular, dotado de uma expressão retórica interna, mas aberta ao espaço exterior da pintura europeia contemporânea. A originalidade de Julio, no contexto presencista, advém do mergulho desassombrado nas águas revolutas do modernismo artístico, libertando a linguagem das suas simbologias tradicionais e usando a imaginação livre como meio de composição e reinvenção da leveza aérea das formas que pesam, esforço que teria transposição directa e inovadora para a poesia de Saúl Dias.

Julio ilustrou vários livros de Régio, de *Poemas de Deus e do Diabo* (1925) a *Biografia* (1929), *As encruzilhadas de Deus* (1935-36), *Primeiro volume de teatro* (1940), *Fado* (1941) e *O príncipe com orelhas de burro* (1942), nas primeiras edições e em algumas reedições. Colaborou com desenhos e gravuras na primeira série da *Presença*, entre o primeiro e o último número, por doze vezes, sete das quais na primeira página[9]. Foi o criador gráfico do título da revista apresentado no cabeçalho a partir do nº 28, de agosto-outubro de 1930, que se tornaria o *ex libris* do movimento[10]. Em 1934, 1935 e 1938, nos números 41-42, 47 e 53-54, ilustrou quinze poemas de Saúl Dias, que se estreara em livro, com ...*mais e mais*..., em 1932, sob a chancela das edições *Presença*. Julio encontrara em Saúl Dias o poeta certo para ilustrar os seus desenhos e para dar voz sonora aos seus motivos de eleição e às personagens do seu mundo, numa relação de complementaridade que permaneceria indissolúvel até ao derradeiro livro de versos. Graças a este desdobramento, que retoma

---

[9] Nos números 1 (1927), 10 (1928), 18 e 21 (1929), 26 (1930), 31 e 32 (1931), 35 e 36 (1932), 41 e 42 (1934), 46 e 47 (1935), 53 e 54 (1938).
[10] A inicial minúscula de *presença* continua, ainda hoje, a ser religiosamente respeitada nos textos de alguns críticos literários. Esta mitologia logotípica que reverbera o traço visual de Julio é ilustrada por Eunice Ribeiro num dos mais recentes e notáveis estudos regianos, com a rigorosa incrustação gráfica do ícone em determinadas referências específicas à *Presença* (Ver. *Escrever: José Régio, o texto iluminado*. Braga: Universidade do Minho, 2000, pp. IX, 143 e 368).

a tradição milenar da *ekphrasis*, integrando-a numa experiência individual a duas mãos que pela mesma altura um Rafael Alberti ensaiara sem sucesso, Julio não foi apenas "um dos mais importantes artistas dos anos 30", conforme observou José-Augusto França, "foi, realmente, a 'Presença' — o seu lirismo, a sua imediatidade expressiva, o seu horror aos academismos ou às habilidades estilísticas, uma certa ingenuidade cultural, voluntária ou involuntariamente cultivada..."[11]. Em certo sentido, ele foi o Almada da Presença, porém menos dispersivo e mais concentrado na possibilidade circular da dobra infinita das linguagens, prolongando a lição modernista em moldes novos cujo alcance nem sempre foi bem avaliado pelos seus companheiros e pela sua posteridade crítica[12].

João Gaspar Simões, o crítico oficial da *Presença*, assinalou que Julio e Saúl Dias se completam mutuamente[13]. Esta aliança íntima de duas linguagens, separadas por matérias e semióticas distintas, supõe uma circularidade de efeitos que provoca refracções significantes nos dois sentidos, ainda que entre o pintor e o poeta, como escreveu David Mourão-Ferreira, se revelem "as mesmas raras qualidades de contenção e de sortilégio, a mesma delicadeza de linhas, o mesmo pudor descritivo, o mesmo poder de elíptica sugestão"[14]. As cores puras e fortes, a ingenuidade e

---

[11] *A arte em Portugal no século XX* (1911-1961). Venda Nova: Bertrand, 1991, pp. 99 e 290.
[12] Acerca do trabalho plástico com que José Régio ensaiou realizar na sua pessoa a dualidade do poeta e do artista, nunca superiormente consumada como em Julio/Saúl Dias, ver Eunice Ribeiro, *ob. cit.*, e Joaquim Pacheco Neves, *Os desenhos de Régio*, Vila do Conde, Câmara Municipal, 1988.
[13] *Perspectiva histórica da poesia portuguesa*. Porto: Brasília Editora, 1976, p. 309.
[14] Saúl Dias: música, palavra, silêncio in *Presença da "Presença"*. Porto: Brasília Editora, 1977, p. 155. Glosando as ideias fortes inscritas nos títulos de três livros de Saúl Dias, *Essência, Vislumbre* e *Gérmen,* F. J. Vieira Pimentel, no mais completo estudo sobre a *Presença*, infelizmente de circulação restrita, chama a atenção para "os aspectos de uma essencial unidade: aquela que procura fazer o homem vislumbrar, pela via suave ou carregada do lirismo pictórico ou da pintura lírica, o oculto gérmen das coisas". PIMENTEL, F.J.V. *A poesia da "Presença" (1927-1940)*: tradição e modernidade, vol. 1. Ponta Delgada: Universidade dos Açores, 1987, p. 362.

a ternura ou o onirismo bucólico e o realismo crítico percorrem circularmente a pintura de Julio e a poesia de Saúl Dias, intensificando os seus efeitos corrosivos e libertadores face à sociedade hipócrita que tudo desgasta e corrompe. O universo dos motivos plásticos de Julio descobre a sua antimatéria na plasticidade fluida dos versos breves e concisos de Saúl Dias, nos quais ganha em essencialidade temporal o que perde em presencialidade directa. A menina e o palhaço, Arlequim e Colombina, a maga e o vagabundo, a prostituta e o comediante, o poeta e o doido, o músico e o bêbedo, o café e o bordel, a beleza efémera da rosa e a evocação da essência que permanece sobre o que se esvai na linha do tempo — são os mesmos feitos de outra matéria e de outras formas, que retornam à origem da sua diferença a cada nova metamorfose.

Saúl Dias é um poeta do instante e do quotidiano, da vivência infeliz da fugacidade do tempo que tudo leva para o mundo descolorido da memória, onde as coisas figuram como espectros descarnados. A argúcia crítica de Adolfo Casais Monteiro tocou no ponto essencial: "O que ele sente e vê são as coisas secretas e as coisas fugitivas, o que ele exprime é sobretudo a visão sonâmbula daquele poeta que os desenhos de Julio multiplicam em mil atitudes: sempre sonhando ou sofrendo"[15]. O poeta é um caçador do tempo infinitesimal, do instante sem espessura, trágica dimensão da vida realmente vivida, concreta e real, corpo e cor, intensidade e vibração. "Doido", de *Tanto*, regista a visão alegórica do poeta assombrado pela luz intensa do instante e levado pela vida realmente vivida para os confins do tempo:

A vida
condensada num instante!...

---

[15] Saúl Dias, in *A poesia portuguesa contemporânea*. Lisboa: Sá da Costa, 1977, p. 230.

Um instante e nada mais.

O resto...
O resto não valia.
Olhava tudo
com olhos de sonâmbulo,
vazio, despegado...

E, um dia (negro? Luminoso?),
esse instante
tomou-o todo
e assombrou-o.

Hoje
a loucura
confunde seu cérebro potente.
E vive só.
E tem pena dele.

Todos os livros de Saúl Dias são variações do mesmo tema vitalista. Os títulos, derivados de uma relação metonímica com o corpo dos poemas e as suas grandes linhas temáticas e expressionais, compõem uma alegoria da intensidade do instante que se escoa, levando consigo a vida que o poeta sonhador deseja reter ou recuperar: *...mais e mais..., Tanto, Ainda, Sangue, Gérmen, Essência, Vislumbre*[16]. O livro *Ainda* encerra com a notação romântica, e pré-rafaelita na nitidez germinante das imagens, do

---

[16] Por sistema, os títulos dos livros relacionam-se com o princípio ou o fim dos conjuntos poemáticos: *...mais e mais...* é uma expressão do final da penúltima estrofe do primeiro poema, e reaparece como terceiro verso da composição "A cada porta", de *Vislumbre*, significando densidade, intensidade ou excesso; e *Ainda, Sangue, Gérmen* e *Essência* são títulos das composições de abertura. *Tanto* e *Vislumbre* escapam a esta regra construtivista: o primeiro só ocorre em "Desaparecida I"; e o segundo é palavra plural do oitavo poema do conjunto, "Inveja".

"tempo que secou, mas que deixou raízes, / e em verde volverá, e florirá ainda..." "Tudo o tempo consome!", lamenta-se o poeta em "Caminho", de *Essência*, livro que figura uma breve poética do instante, no poema "Afecto":

> *Tanto afecto disperso pelo mundo!*
>
> *Um cão que não nos deixa.*
>
> *Uma madeixa*
> *de cabelo emoldurada.*
> *O olhar fundo*
> *de uma criança pobre.*
> *Versos de António Nobre*
> *guardados numa estante.*
>
> *E um Poeta, sem idade,*
> *sentado num bar,*
> *tentando fixar*
> *em castigados versos*
> *um fugidio instante*
> *de felicidade.*

A matéria do poema é uma película impressionável pelo olhar do poeta condenado a guardar instantes sem duração. Se o olhar do pintor ilude a seta do tempo ao imobilizar no espaço a sucessão de instantes, e nega a espessura da vida mercê da contradição existencial da imagem, o poeta vê o seu próprio olhar absorver-se na irreversibilidade da linha temporal reproduzida pelo discurso das palavras. O olhar do poeta não é mais do que o vislumbre das coisas reflectidas na evanescência do tempo, como sugerem os primeiros versos de "Inveja" no último livro: "Por que teimas em escrever? / Por que teimas em fixar instantes, horas, / manhãs, tardes, desoras, / vislumbres, reflexos?" E, no entanto, há a magia da palavra e o seu poder evocativo, entre Cesário e Pessanha. O poeta de *Essência*, segundo Jorge de Sena, "fixou, numa imponderabilidade como que herdada de Pessanha, um original sentimento mágico do quotidiano"[17]. Parte desta magia provém do encantamento sugestivo do poema, da pureza rítmica do verso e da nítida visualidade cromática da imagem verbal. Depois do simbolismo vago de Pessanha, no entender de um outro poeta da mesma filiação, Albano Martins, "não há entre os poetas do primeiro modernismo nem entre os seus companheiros de geração, outro em quem a linguagem se mostre tão apurada e tão cuidados os ritmos"[18]. A outra parte reside no que Óscar Lopes designou por "retrospecção sobre a infância e a adolescência", entre proustiana e bergsoniana, que sobe do Romantismo para atingir aqui a sua fase culminante[19].

A melancolia e o sonho de Saúl Dias exprimem intensamente o desejo de reavivar a cor das coisas perdidas, de reconstituir a paisagem luxuriante do paraíso desbotada pela poeira do tempo. "Poeira", de *Sangue*: "O dia foge. / Agarra as folhas, / ó tu que olhas / pela vidraça, // enquanto verdes. / Que secarão". A alegoria da germinação primaveril difundida pelo livro *Gérmen* representa esta vontade expressionista de reavivar as imagens descoloridas na memória do tempo. As cores, chamas emanadas dos corpos no Timeu de Platão, constituem os meios privilegiados da *enárgeia* e da *evidentia* que tornam vívida a figuração do discurso. "Reverdecer", do mesmo livro, explicita uma poética

---

[17] Tentativa de um Panorama Coordenado da Literatura Portuguesa de 1901 a 1950. *In Estudos de Literatura Portuguesa-II*. Lisboa: Edições 70, 1988, p. 79.
[18] O Gérmen, o Sangue e a Essência de uma Obra, *Jornal de Letras, Artes e Ideias*, Lisboa, 18 jun. 1983, p. 5.
[19] A infância e a adolescência na ficção portuguesa. *In Modo de ler*. Porto: Inova, 1969, p. 130.

da coloração das imagens desbotadas como meio de reanimação vital e presentificação fenomenológica do tempo perdido: "Ah! / O sono e o sonho, / também de mãos dadas, / a reverdecer velhos ramos descoloridos...!" A cor dá uma aparência de vida às imagens e transforma o discurso das palavras numa festa para os olhos, tal como sucedia na pintura para Delacroix ou Cézanne[20]. O poema é pois uma pintura falante, sinestésico e ecfrástico, no sentido clássico de Simónides de Ceos atribuído por Plutarco em *De Gloria Atheniensium*, profusamente glosado pelos grandes tratados retóricos, da *Rhetorica ad Herennium* do Pseudo-Cícero a *Ars Poetica* de Horácio, das *Imagines* do velho e do jovem Filóstrato aos *Progymnasmata* de Aftónio, confluentes nas reflexões modernas de Pascal, Winckelmann e Lessing, e consagradas no Romantismo pelas realizações líricas de William Wordsworth, Percy Bysshe Shelley e John Keats[21]. Neste género de composição, a imagem visual é traduzida pelo movimento fluido das palavras. Todavia, trata-se ainda de traduzir ou reproduzir, de procurar equivalências verbais, em regime eminentemente mimético: a *ekphrasis* não é mais do que uma *mimesis* sofisticada. No caso de Saúl Dias, que assimilou o exemplo cratiliano dos melhores simbolistas, a imanência do

---

[20] Cf. BALLAS, Guila. *La couleur dans la peinture moderne*. Paris: Adam Biro, 1997, pp. 56 e 71.
[21] Cf. HEFFERNAN, J. A. W. *Museum of words*: the poetics of ekphrasis from Homer to Ashbery. Chicago: University of Chicago Press, 1993, pp. 1; BERGMANN, Emilie L. *Art inscribed*: essays on ekphrasis in Spanish golden age poetry. Cambridge: Harvard University Press, 1979, pp. 1; SCOTT, Grant F. *The sculpted word*: keats, ekphrasis, and the visual arts. Hanover: University Press of New England, 1994, pp. XI, XVI, 1 e 14-15; LAND, Norman E. *The viewer as poet*: the Renaissance response to art. Pensilvania: Pennsylvania State University Press, 1994, pp. XVI, 4-7 e 53; KRIEGER, Murray. *Ekphrasis*: the Illusion of the natural sign. Baltimore: Johns Hopkins University Press, 1992, pp. XII, 7-14, 64 e 79; MUNTEANO, B. *Constantes dialectiques en Littérature et en Histoire*. Paris: Marcel Didier, 1967, p. 235; SPITZER, Leo. The 'Ode on a Grecian Urn', or Content vs. Metagrammar. In *Essays on English and American Literature*. Princeton: Princeton University Press, 1968, pp. 72, 89 e 91.

discurso poético incorpora uma densidade plástica que acaba por se tornar uma natureza da linguagem. A cor fornece o material necessário ao trabalho do poeta, que dispõe pelo verso o jogo subtil das emissões de energia, das tonalidades e dos fluxos vibratórios, dos contrastes complementares ou estridentes, dos brilhos e das saturações. Raramente a linguagem das cores alcançou, como neste autor, uma tão forte capacidade verbal de evocação das aparências fugitivas e uma tão profunda significação emocional. Ao invadir a palavra pela mão do poeta, a cor provoca um efeito muito semelhante ao pretendido por Matisse: traduz a essência de cada coisa e responde à intensidade do choque emotivo. A cor é expressão pura, presença absoluta, signo de uma ausência visível: o *logos* e o *chroma* confluem na materialidade sensorial do *pharmakon*, pigmento disseminado pelo poema como remédio para a vida que o tempo descoloriu e transmutou em espectro fantasmal.

Aristóteles, na *Poética* (1450b), estabeleceu o primado da forma desenhada, comparável ao mito enquanto alma da tragédia, sobre a aplicação das mais belas cores na pintura, análogas aos caracteres e aos elementos. Mais próximo da geometria e da natureza eidética do intelecto, o desenho gozou de larga soberania em toda a tradição clássica, até defrontar a emergência do *splendor* cromático na disputa que opôs as escolas florentina e veneziana pelos finais do século XVI[22]. A chama de Platão regressava para que a matéria se transformasse em luz. As poéticas barrocas, fascinadas pela *terribilità* da luz, criaram um panorama propício ao entendimento da linguagem verbal como pintura dos conceitos e produção de imagens coloridas. A cor veria legitimada a sua natureza poética pelo *Cours de Peinture par Principe* (1707) de Roger de Piles[23]. Na modernidade, ela

---

[22] Cf. BRUSATIN, Manlio. *Histoire des couleurs*. Paris: Flammarion, 1986, pp. 79-80.
[23] Cf. BALLAS, Guila, *ob. cit.*, p. 17.

iria tornar-se o elemento mais importante da pintura e, em certo sentido, do desenho. De Van Gogh a Gauguin, de Matisse a Kandinsky, a soberania da cor como signo autónomo, e já não como película do real, tornou-se uma evidência apodíctica. Ora, a obra de Julio exibe esse esplendor vibratório das cores que cantam, mergulhada na onda modernista da revolução cromática e da palpitação óptica das formas. Saúl Dias teve a arte incomparável de transpor para a linguagem verbal a mesma vibração e o mesmo canto — e esta transposição inaudita representa sem dúvida um contributo absolutamente original para a revolução estética que o modernismo de Orpheu desencadeou, em particular com a hipersensibilidade colorida de Mário de Sá-Carneiro e com o diálogo directo entre literatura e pintura de que Almada Negreiros é o actor mais completo e o maior símbolo. Ao contrário dos restantes presencistas, enraizados na tradição discursiva e oratória, o poeta de *Vislumbre* foi o criador de uma linguagem radicalmente nova, lugar de pacificação e convívio da densidade luminosa da expressão e da leveza aérea da meditação espiritual.

Nesta perspectiva, o livro de estreia, ...*mais e mais*..., estrutura-se na base de uma retórica ecfrástica em que a visualidade cromática das palavras exprime intensamente a visão turbilhonante do poeta. A descrição da maga magra e elástica (poema I), estribada na estesia simbolista dos vocábulos raros e no cratilismo dos efeitos sinestésicos, constitui o modelo retórico matricial da deriva ecfrástica do conjunto da obra, que progressivamente se refracta em matizes múltiplos, não sem antes explodir em pinceladas de cor cujos momentos primordiais podemos surpreender em alguns versos de "Ontem, hoje, amanhã" (poema III):

A grande rosa amarela
todas as tardes

traça a mesma trajectória.
Aquela rua, sempre suja e obscena,
abre as janelas como frutos podres.
Da manhosa tasca a tabuleta gasta
contrasta
co'a sombra verde da adega
onde uma ou outra mulher que chega
quebra o ambiente
com gargalhadas que se notam,
quais pinceladas a vermelho,
num sol de lata velho
coberto de poeira,
e esquecido
no ângulo dum sótão.

O título *...mais e mais...* sugere a embriaguez cromática das palavras e descreve a projecção newtoniana do espectro solar ao longo dos versos sucessivos. Cores primárias e cores secundárias combinam-se em contrastes fortes ou misturam-se em matizes subtis, de um extremo a outro extremo do espectro, entre a cor do céu e a cor do sangue. A série de poemas é assim percorrida por lírios roxos, aves azuis, sombras verdes, limos amarelos, traços ruivos, minutos vermelhos ou quermesses escarlates, e até pelo "zarcão duma telha / berrando num muro velho" (poema X). Tanto reproduz os limites do espectro solar em "Música", com a imagem da "doce, iriada melodia, / roxa sombra na tarde escarlate", para concentrar o pincel da escrita no azul aéreo e espiritual de "Menino", no qual o destino é azul, o mar é azul e a hora é azul: *"Porque um menino / é um cabelo / frágil e fino..."* O mesmo azul, anagrama de Saúl, como que saído dos versos de Rubén Darío e Mário de Sá-Carneiro, feito substância mágica universal, que antecipa o imaginário cromático de José Gomes Ferreira em "A nuvem que rola", de *Ainda*:

A nuvem que rola
é azul
como a corola taful
que, na escola,

o menino loiro e azul
desenrola,
de bibe e gola
debruada a azul;

e é branca estola
sobre uma bola
azul

que, ao sair da escola,
o menino rola
na tarde azul.[24]

Em *Gérmen*, a cor mistura-se com o perfume da rosa, símbolo irradiante da beleza efémera que só a destruição natural e a fecundidade do húmus podem reavivar: "rosas outra vez, / serão cor e perfume" (poema II). Em "Rosas perdidas", cor e fragrância formam o signo perfeito do tempo sumido: "O olor, a cor... Tudo sumido, / compungido!..." Um dos grandes projectos da modernidade, a hipersinestesia sonhada por Baudelaire, em que "Les parfums, les couleurs et les sons se répondent", atinge o ponto de fusão máxima na *ekphrasis* de "Retrato", no livro *Essência*:

---

[24] Cf. "Azul" e "Cores outras", de *Vislumbre*. Acerca da importância da cor azul no Modernismo, em particular o hispano-americano, nascido sob o signo do livro *Azul* (1888), de Rubén Darío, ver Raúl Silva Castro, *El Ciclo de Lo Azul en Rubén Darío* e Ivan A. Schulman, Génesis del Azul Modernista. In AA. VV. *Estudios Críticos sobre el Modernismo*. Madrid: Gredos, 1974, pp. 146-189.

Inventei rosas para o teu cabelo,
rosas dum azulino tom
e estranho gineceu.
Ornei teu colo
com flores do campo
que o campo nunca deu.
Fiz brilhar teu vestido
com pedras de irreais cores.
Circundei-te de pequeninos amores.

Dos fundos arvoredos
escutei os segredos.
E fui buscar às águas dos ribeiros
a transparência, os cheiros,
a fluida cor.

Com um pincel grato
pintei o teu retrato
só pelo interior.[25]

Também na ordem temática a poesia de Saúl Dias mantém uma relação de intimidade com as artes plásticas. A sua obsessão maior no reino dos objectos dirige-se à pintura e ao desenho, que por vezes desempenham o papel muito especial de lentes perceptivas por meio das quais o poeta vê o mundo. O pórtico de ...*mais e mais*... exprime esta obsessão, sugerindo que a pintura é o modo de existência de todas as coisas sensíveis:

(Aquele triângulo, ali,
  pintado a rubro no chão,

---

[25] Cf. "Fragrância", de *Vislumbre*. Cabe aqui assinalar que Mário Saa publicou no nº 31-32 da *Presença* (Coimbra, mar./jun. 1931, p. 18) uma importante composição, "Ode da justificação da forma", que desenvolve o tema sinestésico da correspondência entre a pintura, a música, a culinária e a perfumaria.

> *desperta em mim a obsessão*
> *de que tudo o que eu senti,*
> *amei, chorei ou sorri*
> *era pintado no chão.)*[26]

O poeta compõe frequentemente os seus versos como quem pinta um retrato ou faz um desenho. "Menino/I", de *Tanto*, é construído por justaposição de imagens, à maneira de uma pintura cubista. As composições "Poeta", do mesmo livro e de *Sangue*, replicam motivos e ambiências da série homónima assinada por Julio. Esta relação ecfrástica repete-se em "O poeta no café de província", de *Gérmen*. Poemas como "Nua", de *Sangue*, ou "Apontamento" e "Jardim", de *Essência*, constituem ecfrases de desenhos ou quadros de Julio. "Companheira", deste mesmo livro, associa a composição plástica e a composição versificatória, segundo o procedimento geral de transfiguração ecfrástica de uma figura feminina: "Só tu me olhas, / só eu distingo / a imagem que de ti compus / em mil desenhos, em mil versos, / tacteando universos / de trevas e de luz". "Desenho de rapariga", de *Sangue*, apresenta-se como desenho por meio de palavras. Por fim, os dois poemas de "Retrato" descrevem o trabalho do pintor pela voz do poeta.

Há ainda casos de *ekphrasis* externa, tendo por objecto obras de arte exteriores ao universo de Julio que representam figuras femininas. Por um lado, as referências explícitas a um quadro de Pascin e à *Gioconda*, em "Nesse tempo", de *Gérmen*, e "Retrato", de *Essência*. Por outro, à uma escala muito maior e mais significativa, que afecta quatro livros, a glosa do tema shakespeariano e romântico de Ofélia, símbolo da inocência destruída pela loucura, a partir do quadro *Ophelia* (1852), do pré-rafaelita

---

[26] Veja-se o último poema do livro, XVI "Quando eu morrer, em vez de armadores, chamem pintores". Aqui, é a morte, ou "outra vida", que ainda apela à pintura.

John Everett Millais. A primeira aparição do quadro ocorre de forma explícita em *Ainda*:

— *Quem esqueceu no quarto do bordel*
a Ofélia *de Millais,*
adormecida-morta no lago verde-azul?

Vestida de noiva,
tem os cabelos soltos
e rosas sobre o peito...

As mãos poisam de leve,
como plantas de água...

Sereno,
o rosto oblongo
das filhas de Albion...

E toda beijada da folhagem...

— *Quem esqueceu no quarto do bordel*
a Ofélia *de Millais?*

São abundantes as representações pictóricas do Acto IV de *Hamlet* na pintura, de meados do século XIX ao dealbar de novecentos. As mais celebradas devem-se a Delacroix, Delaroche (presente em António Nobre[27]), Arthur Hughes, Waterhouse, George Frederic Watts, Henri Gervex, Paul Steck, Odilon Redon, Lucien Lévy-Dhurmer, Ernest Hébert, Jules-Joseph Lefebvre e Margaret Macdonald. Mas nenhuma conquistou a notoriedade da

---

[27] Cf. Maria Manuela Gouveia Delille, *A figura da femme fragile e o Mito de Ofélia na lírica juvenil e no Só de António Nobre*, Colóquio/Letras, 127-128, Lisboa, jan./jun. 1993, pp. 125.

criação de Millais, que figura Ofélia deitada nas águas do ribeiro para onde se lançou num acesso de loucura, impassível e sem pinga de emoção que lembre um último sopro de vida, rosto coberto por uma palidez verde desviando-se para o azul prussiano, desconcertante expressão de *muddy death* que contrasta com a vivacidade botânica e o detalhe floral envolventes[28]. Saúl Dias descreve rigorosamente o quadro de Millais, isto é, absorve os versos de Shakespeare pela mediação visual da pintura pré-rafaelita. O processo é típico da sua poesia: toda a intertextualidade se desvia para a *ekphrasis*, toda a leitura dos caracteres se dissolve num olhar atraído pela plasticidade dos elementos. A mediação de Millais investe-se ainda de um sentido poético adicional, na medida em que a representação pré-rafaelita proporciona a vivência simultânea de um romantismo pastoral e de um naturalismo intensamente minucioso, banhados pela pureza límpida da luz solar onde cantam as cores festivas das meninas e das flores.

Ofélia preenche uma função simbólica particular na poesia de Saúl Dias. O quadro de Millais foi abandonado num quarto de bordel, e este abandono significa o lado negro de um imaginário expressionista e sarcástico que contrasta com o sonho chagalliano das meninas leves como anjos. Esmagada pelo peso da gravidade, Ofélia simboliza a queda do anjo e personifica todas as mulheres caídas na lama dos ribeiros. Em "Nua", de *Sangue*, Saúl Dias pinta uma vaga prostituta adolescente com o nome de Eva e o corpo de Ofélia:

> *Nua*
> *como Eva.*
> *A cabeleira*

---

[28] Esta imagem ressoará secretamente no supracitado "Retrato", de *Essência*: "E fui buscar às águas dos ribeiros / a transparência, os cheiros, / a fluida cor. // Com um pincel grato / pintei o teu retrato / só pelo interior."

beija-lhe o rosto oval e flutua;
o corpo
é água de torrente...

Eva adolescente,
com reflexos de lua
e tons de aurora!
Roseira que enflora!
Desflorada por tanta gente...

Ofélia será recriada no poema homónimo de *Gérmen*, numa feliz imagem de serenidade e melancolia que surpreende a própria pureza das águas do ribeiro. A personagem de Shakespeare e de Millais reaparece em "Ofélia", de *Vislumbre*, para assumir a dualidade semântica da figura feminina, rosa puríssima que os anjos protegem da multidão, representando em definitivo o estatuto de mito unificador do imaginário de Saúl Dias. O sentido último de Ofélia, patente em "Perfume", do mesmo livro, irá confinar-se ao simbolismo da beleza ameaçada pela corrupção temporal: "Quantas Ofélias nuas, / dormindo pelas ruas, / enregelada a pele!"[29]. Saúl Dias transforma um mito romântico e simbolista, que Rimbaud glosou em "Ophélie" (1870), em uma condensação alegórica das grandes preocupações morais e estéticas do Expressionismo. O mito de Ofélia, mediado pela representação de Millais, é por consequência a matriz de inteligibilidade dos dualismos profundos que organizam a sua poesia, feita de palavras circulares em busca de uma só palavra: "a palavra". Ofélia é a possibilidade mesma dessa palavra que tudo

---

[29] "Noites", composto em 1982 e publicado no catálogo *Épocas expressionista e surrealista e Primeiros Desenhos da Série Poeta: décadas de 20 e 30*, Estoril, Junta de Turismo da Costa do Estoril, mai. 1982, que a presente edição reproduz no apêndice "Inéditos e dispersos", seria o derradeiro poema do autor a figurar o tema de Ofélia.

diz e tudo sintetiza, a palavra da consciência infeliz, palavra solitária e inaudita que em palavras o poeta diz querer dizer, no poema final com que selou a sua *Obra poética*: "Só conheço, talvez, uma palavra. // Só quero dizer uma palavra. // A vida inteira para dizer uma palavra! // Felizes os que chegam a dizer uma palavra!"

VIVER DE LEVE, ESCREVER DE LEVE, MORRER DE LEVE[30]

Albano Martins

À Maria Augusta e ao José Alberto

Numa comovida página de *Uma Campanha Alegre*, datada de setembro de 1871, Eça de Queirós, assinalando a morte de Júlio Dinis, escrevia:

> Trégua por um instante nesta áspera fuzilaria! Numa página à parte, pomos a lembrança de Júlio Dinis. Que as pessoas delicadas se recolham, pensem nele, na sua obra gentil e fácil, que deu tanto encanto, e que merece algum amor.

E acrescentava: "[...] a nossa memória, fugitiva como a água, só retém aqueles que vivem ruidosamente, com um relevo forte: Júlio Dinis viveu de leve, escreveu de leve, morreu de leve".

Eis aí, em rápidas pinceladas, esboçadas com as tintas de alguns suaves adjectivos, duas locuções adverbiais e dois ou três substantivos retirados do mundo dos afectos, as linhas definidoras de uma obra e de um homem (Julio – repare-se –, de

---

[30] Texto integrante do colóquio *Uma palavra para todo o sempre!* – Homenagem a Julio/Saúl Dias no centenário do seu nascimento, realizado na Universidade Fernando Pessoa, Porto/Portugal, em 17 de maio de 2002.

seu nome, ainda que por empréstimo), que, sem alardes – sem ruído –, percorreu os emaranhados labirintos da vida e da escrita. E eis aí também, num contexto de relações a que Goethe chamou "afinidades electivas", inscrito o perfil desse outro Julio que assim, com o seu nome de baptismo, assinou uma obra plástica verdadeiramente original e que, sendo poeta, e igualmente original, pediu emprestado o nome de Saúl Dias. Também ele, na verdade, como o autor de *Uma família inglesa*, "viveu de leve, escreveu (e pintou, e desenhou) de leve, morreu de leve".

Que assim viveu, atesta-o a sua biografia, que ninguém escreveu, talvez porque ela se pautou sempre pelas normas mais estritas da discrição e da modéstia. Ou porque, como a propósito de Júlio Dinis diz Eça de Queirós, "a nossa memória só retém aqueles que vivem ruidosamente". Ou ainda porque, como escreve seu irmão José Régio em *A confissão dum homem religioso*, a sua obra só não tem o reclame efémero atribuído a outros devido, precisamente, à sua originalidade autêntica e a sua indiferença perante as publicidades e os modismos fáceis.

Que são leves os seus desenhos e as suas aguarelas, que são leves os seus poemas, quem há aí que o duvide ou conteste? Tão leves, aqueles e aquelas, que algumas das suas figuras levitam no espaço como se libélulas ou borboletas fossem, como se asas tivessem. Asas que, afinal e em boa verdade, têm: as que lhes empresta ou fornece a imaginação criadora do artista. Os seus versos, esses, foi o próprio poeta que assim os quis: "leves / como tons dispersos". Di-lo num poema significativamente intitulado "Poeta", do seu livro *Sangue*, que aqui lembramos: "Na tarde longa / imaginei um longo poema. / Depois, / fui-o encurtando / e reduzi-o a pequenos versos. // Quisera que os meus versos / fossem duas palavras apenas, / aéreos como penas, / leves / como tons dispersos..."

Está aí, como se percebe, compendiada toda uma poética, uma poética da brevidade, uma poética da essencialidade. Duas palavras, não mais – brevidade e essencialidade –, é quanto basta, enfim, para definir uma obra ímpar, sem dúvida, no panorama da poesia portuguesa. Só remontando talvez aos primitivos cancioneiros (e já uma vez o dissemos) lhe encontraríamos paralelo – na leveza, na brevidade, na economia dos meios expressivos. Depois deles, dos cancioneiros medievais, a poesia portuguesa cedeu quase sempre à tentação da grandiloquência, do discurso emplumado, da expansividade ora narrativa, ora descritiva, ora emotiva, numa aliança espúria, isto é, contranatura, entre poesia e retórica. Como se, à semelhança do que em dado momento da história da lírica provençal ocorreu, ao *trobar leu* sucedesse, por oposição, o *trobar ric*, com toda a gama e variedade semântica que o adjectivo modernamente comporta. O nosso poeta, o nosso Saúl Dias, permanecerá sempre, nos tempos modernos, como o exemplo luminoso e acabado do *trobar leu*.

Mas essa modéstia (e a modéstia é, antes de mais, no rigoroso sentido do termo, sinónimo de moderação, de contenção, de medida), essa modéstia do poeta (mas também do artista plástico, cuja escrita pictórica é marcada precisamente pela mesma sobriedade e economia de meios) não é mais, afinal, que a projecção ou reflexo do próprio homem. Que este era, de sua natureza, modesto afiança-o Maria Augusta, a companheira e inspiradora de tantos dos seus versos e desenhos, numa entrevista concedida, em janeiro de 1984, a um jornal portuense. E sabem-no os que com ele alguma vez conviveram ou com ele partilharam alguns momentos de sereno e amável convívio.

Homem afável, amável, aí residia seguramente um dos seus encantos. E foram essa afabilidade e essa amabilidade que certamente seduziram a Maria Augusta, que na já referida entrevista nos diz: "Julio era um homem maravilhoso. Muito terno..." E delicado, e gentil, e agradecido, dizemos nós. Lembro que uma vez (e permitam-me a introdução de uma nota pessoal), alguns anos antes da sua morte, estando internado na Ordem da Lapa, onde fora operado à próstata, lhe levámos, minha mulher e eu, para o quarto, um aparelho de televisão, para, deste modo, lhe suavizar o peso dos dias de convalescença. Comoveu-se. E retribuiu o gesto com a generosa oferta de uma daquelas suas aéreas aguarelas em que a figura de um jovem músico e de uma donzela levitam por entre flores, qual Orfeu e Eurídice alados de uma alada primavera.

Era este o homem. E é assim a obra do poeta e do pintor em que ele se projecta. Feitas, uma e outra, dessa delicadeza que é timbre da arte e da poesia orientais, que Julio conhecia e tanto amava.

Mas há outra faceta da personalidade do nosso poeta/pintor que importa assinalar: a serenidade. Diz Guilherme de Castilho, um dos melhores e mais atentos estudiosos da sua obra, em artigo publicado no suplemento Das Artes e das Letras de *O Primeiro de Janeiro*:

> Não procuremos, pois, na sua poesia a exuberância emotiva, o conflito espectacular, o extremismo dos sentimentos, os paroxismos da dúvida, os desesperos irremediáveis. A essência da sua poesia reside, outrossim, na contenção, na calma resignada, na sábia aceitação do que é e do que existe, na mansidão da alma e do espírito, sulcada apenas, de quando em quando, por um ténue sopro de inquietação, por um vago frémito de ansiedade, ambos mais insinuados que patentes.

Compare-se, a título de ilustração, a poesia de Saúl Dias com a de seu irmão José Régio. Nada mais distinto, dir-se-á com verdade. Em Régio, a pulsão é dramática, a ondulação tumultuosa, febril, ouvem-se, aqui e ali, o remoinho do cachão e o rumor do trovão (quem não se lembra do "Cântico negro"?), que repercutem as vozes em sucessivas estrofes de sucessivas imprecações a Deus, ao mundo e aos homens. Em Saúl Dias, ao contrário, a respiração é curta e branda, o verso breve, breve o poema. O coração pulsa ali em passo cadenciado, lento, apaziguado. Como diz num poema de *Essência* "Na mão apenas / uma palavra escrita: / a palavra do seu coração".

"Uma palavra para todo o sempre", como se lê noutro poema do mesmo livro.

Há seres que deixam atrás de si um rasto de luz, de beleza, de serenidade, de bondade. Só disso nos apercebemos, às vezes, quando eles passam. A luz e a beleza que Julio distribuiu às mãos cheias está aí toda – nos seus desenhos e aguarelas (em alguns dos seus óleos também), nos seus poemas. Com eles e com elas, o mundo ficou mais belo, mais luminoso, mais leve, mais habitável. Agradeçamos-lhe a dádiva. E, se foi leve a sua vida, se é leve a obra que nos deixou, que a terra, a que foi leve, lhe seja leve também.

Impresso em São Paulo, SP, em novembro de 2007,
com miolo em offset 75 g/m²,
nas oficinas da Gráfica Edições Loyola.
Composto em American Typewriter, corpo 10 pt.

Não encontrando esta obra nas livrarias,
solicite-a diretamente à editora.

Escrituras Editora e Distribuidora de Livros Ltda.
Rua Maestro Callia, 123
04012-100 – Vila Mariana – São Paulo, SP
Tel.: (11) 5904-4499 / Fax.: (11) 5904-4495
escrituras@escrituras.com.br (Administrativo)
vendas@escrituras.com.br (Vendas)
imprensa@escrituras.com.br (Imprensa)
www.escrituras.com.br